나의 신 속에 신이 있다

나남
nanam

나남문학선 54

나의 신 속에 신이 있다

2025년 7월 15일 초판 발행
2025년 7월 15일 초판 1쇄

지은이	문정희
발행인	趙相浩
발행처	㈜나남
주소	10881 경기도 파주시 회동길 193
대표전화	(031) 955-4601
FAX	(031) 955-4555
등록	제1-71호(1979.5.12.)
홈페이지	http://www.nanam.net
전자우편	post@nanam.net

ISBN 978-89-300-0154-0 04810
　　　 978-89-300-0142-7 (세트)

이 책의 판권은 저자와 나남에 있습니다.
이 책 내용의 전부 또는 일부를 재사용하려면 반드시 양측의 동의를 받아야 합니다.

책값은 뒤표지에 있습니다.

나남문학선
54

나의 신 속에 신이 있다

문정희 |
——— ———
| 문학선

시인의 말

슬픔으로 기쁨으로 시인으로

문학이 뭔지도 모르고 일찍이 문학에 덜미 잡힌 삶이었습니다. 운명이라는 말보다는 천형天刑이라는 말로 표현해도 될 이 길을 한없이 사랑하고 있습니다.

나는 쓴다, 고로 나는 존재한다.

이것이 전부였습니다. 다른 길은 생각해 본 적도 없이 그냥 걸어왔습니다. 어떤 고난, 어떤 절망, 어떤 시대가치 앞에서도 나는 문학이었습니다. 언어로 존재하고 언어로 사유하고 언어로 새로 태어나는, 실로 저주받고 실로 축복받은 삶이라 말하고 싶습니다.

이 책을 묶는 동안 자주 목이 메는 순간을 참아야 했습니다. 열네 살 때 곁을 떠난 아버지는 이십 리 산길을 넘어 학교에 다니는 어린 딸을 위해 집 부근 산자락에 토담집을 지어 분교를 만들어 주었습니다. 그리고 큰 도회로 유학을 떠나보낸 후, 홀연히 타계하였습니다.

서울에서 혼자 떠돌이가 되었을 때 풀꽃처럼 작은 문학의 싹을 보이기 시작한 어린 누이동생의 시집《꽃숨》을 출판해 준 오빠의 마음도 잊기 힘듭니다.

너무 이른 나이에 멋모르고 뛰어든 결혼은 우행과 실수와 고통의 심연 같았으나 그 속에서 미국 유학의 기회를 준 남편, 그가 누구인지 아직도 잘 모르지만 이 깊은 상처와 사랑들 하나하나가 기적처럼 눈부시기만 합니다.

바다는 파도치는 푸른 물이 아니라 퍼덕거리는 생명을 기르는 뻘을 품고 있고, 삶은 그 쓸쓸한 맨살에 허리를 굽히고 먹이를 건지는 일이라는 것을 알게 해 준 어머니가 아니었으면 나는 인간의 사랑이 무엇인지 몰랐을 것입니다. 그 깊고 아픈 사랑을 반이나마 내 소중한 아이들 건중, 가온에게 전할 수 있어 기쁩니다.

슬픔으로 기쁨으로 나를 시인으로 이끈 고마운 얼굴들이 떠오릅니다. 길모퉁이 그윽한 숲에 깃든 정령의 모습으로, 때로는 등 뒤에 칼을 숨긴 나찰의 모습으로 내 시의 피와 살이 되어 준 인연들께 고개 숙여 감사드립니다. 홀로 떠돌다 비로소 터뜨리는 뜨거운 포효가 나의 시 속에서 오래 싱싱하게 살아 숨 쉬기 바랍니다.

나남 조상호 대표님, 정성껏 책을 만들어 주신 편집진에게 감사의 마음을 전합니다. 정신의 가치가 한없이 누추해지고 문학의 위의가 더없이 흔들리는 시대에 한국문학의 중심을 세운 《나남문학선》에 초대받게 되어 가슴 벅찹니다.

2025년 여름
문정희

차례

06 **시인의 말**
　슬픔으로 기쁨으로 시인으로

1부
사람들은 왜 밤에 더욱 확실해지는가

15　노래
16　불면
18　눈을 보며
20　만가 輓歌
22　유령
24　폐허의 노래
25　새에게 쫓기는 소녀
26　연
28　폭풍우
30　비
32　눈
33　겨울나무
34　하늘
35　겨울 일기
36　새 떼
37　콩
38　소

39　선언
40　참회 시 1
41　우울한 날은
42　대못
43　시인을 기다림
44　흐름에 대하여
46　술병의 노래
48　하늘을 보면
50　식기를 닦으며
51　시간 1
52　바다 앞에서
54　타국에서
56　황진이의 노래 1
57　황진이의 노래 2
59　사랑은 불이 아님을
60　어린 사랑에게
61　비의 사랑

62 고독

63 할미꽃

64 찔레

66 아들에게

68 절망의 노래

70 보석의 노래

71 서시

72 죽은 시계

73 비수

74 강물보다 더 먼

75 새와 뱀

77 천둥

2부
썩는다는 것은 참으로 아름다운 일

81 이명

82 곡비 哭婢

84 순은의 펜으로

87 문신

88 감자

90 꿈

92 손톱

94 작은 부엌 노래

96 마흔 살의 시

98 이 가을에

99 남한강을 바라보며

102 베개

105 파꽃길

106 이별 이후

108 네가 내게 온 후

110 오빠

112 잘 가거라, 나비야

114 딸기를 깎으며

116 추석 달을 보며

118 신록

120 어머니의 편지

122 중년 여자의 노래

124 나는 나쁜 시인

126 사랑하는 것은

127 **시작 노트**
　　나는 늘 위독하다

3부
불가해한 비애의 꽃송이들을

- 135 성에 꽃
- 136 한계령을 위한 연가
- 138 사랑하는 사마천 당신에게
- 140 체온의 시
- 142 유방
- 144 알몸 노래
- 145 남자를 위하여
- 146 다시 남자를 위하여
- 148 러브호텔
- 150 머리 감는 여자
- 152 보라색 여름바지
- 154 가을 우체국
- 156 사람의 가을
- 157 율포의 기억
- 158 그 많던 여학생들은 어디로 갔는가
- 160 몸이 큰 여자
- 162 키 큰 남자를 보면
- 163 지는 꽃을 위하여
- 164 술
- 166 아름다운 곳
- 167 유쾌한 사랑을 위하여
- 168 밤 이야기
- 169 축구
- 170 치마
- 172 머플러
- 174 통행세
- 175 물을 만드는 여자
- 176 흙
- 178 사랑 신고
- 180 나무 학교
- 181 새우와의 만남
- 182 돌아가는 길
- 183 남편
- 184 조등弔燈이 있는 풍경
- 186 딸아 미안하다
- 188 공항에서 쓸 편지
- 189 성공 시대
- 190 혼자 가질 수 없는 것들
- 191 사랑해야 하는 이유
- 192 먼 길
- 194 테라스의 여자

4부
거대하게 떠밀리는 언어의 물거품

197 꽃의 선언
198 "응"
200 동백꽃
202 화장을 하며
204 집 이야기
206 그 소년
208 초대받은 시인
210 내가 한 일
211 늙은 꽃
212 독수리의 시
214 쓸쓸
216 지금 장미를 따라
218 명봉역
219 여행가방
220 부부
222 나 떠난 후에도
223 낙타초
224 물시
225 늙은 창녀
226 물의 시집
227 해벽 海壁

228 뜨거운 소식
229 감촉
230 떠돌이 물방울
231 미로
232 길 잃어버리기
234 이제 됐어
236 내가 운다
237 미친 약속
238 바느질하는 바다
240 살아 있다는 것은
241 너는 책이다

5부
살아 있음으로 당신을 사랑하며

245 토불土佛
246 강
248 작가의 사랑
250 공항의 요로나
252 겨울 호텔
253 구두 수선공의 봄
254 우리 순임이
255 구조대장의 시
256 떠날 때
257 곡시 哭詩
260 거위
262 당신을 사랑하는 일
264 나의 옷
266 나의 도서관
268 비누
270 나는 내 앞에 앉았다
272 망한 사랑의 노래
274 탱고의 시
275 나 잘 있니
276 보고 싶은 사람
277 이 길이 선물이 아니라면
278 도착

6부
아름다운 미완을 향해서 — 에세이

281 책탑을 쌓으며
285 오직 사랑하는 사람만
　　 살아남는다
288 여자의 시 쓰기는
　　 신과의 입맞춤
298 나의 시, 나의 몸

319 **대화**
　　 영원히 젊고
　　 찌그러지고
　　 아름다울 것

340 **문정희 시인 연보**
344 **수록 시 출처**

1부

사람들은

왜 밤에

더욱 확실해지는가

노래

나와 가장 가까운 그대 슬픔이
저 강물의 흐름이라 한들

내 하얀 기도가 햇빛 타고 와
그대 귓전 맴도는 바람이라 한들

나 그대 꿈속으로 들어갈 수 없고
그대 또한 내 꿈을 열 수 없으니

우리 힘껏 서로가 사랑한다 한들

불면

사막을 걸었다

흐르는 모래 위의
달빛에 감기어
끈끈한 비밀들이
몸 비비는 소리

더러는 하얀 빛을
지우지 못하여
지금 모든 뜰의
꽃잎들은 흔들리고 있다

내가 때 묻은 만큼
빛나는 손톱 끝에서
바람이 변하여
비가 내리고

벗어나지 못하는
슬픈 둘레

그 사이에 끼인

뜨거운 하늘을 이고

내가 떠오르고 있었다

눈을 보며

눈은 하늘에서 오는 게 아니라
하늘보다
더 먼 곳에서 온다

여기 나기 전에
우리가 흔들리던 곳

빈 그네만이 걸려 있는
고향에서 온다

첫살에 부서지는 그대 머리칼이
반가운 것은
그 때문이다

한 생애에 돌아오는 목소리이다

우리들의 호기심
우리들의 침묵이 닿지 않는 곳

그렇게 먼 곳에서

눈은 달려와
비로소 한 조각의 빛깔이 된다

만가挽歌

지금 서울에는 비가 내린다
저 어두운 노래 속을 꿰어 다니는
한 방울의 짧은 죽음

낯설고 흉흉한 처마 밑에
시간은 소리 한 번 지르지 못하고
주저앉아
흰 이마를 적시고 있다

그러나 하늘에도
끝이 있어서 조금 후면

죽은 시간이 떼 지어 흐르는 소리로
사방은 흔들리고

내가 두고 간 만큼의 그림자를 벗으면
곧 날이 새겠지

신랑이여
너와 나눠 가질 수 없는

단 한 방울의 죽음을
빛으로 뿌리기 위해

나는 지금
천둥이 되려고 한다

유령

1
나는 밤이면 몸뚱이만 남지

시아비는 내 손을 잘라 가고
시어미는 내 눈을 도려 가고
시누이는 내 말늘을 뺏어 가고
남편은 내 날개를
그리고 또 누군가 내 머리를 가지고
달아나서
하나씩 더 붙이고 유령이 되지

깨소금 냄새 나는
몸뚱이 하나만 남아
나는 밤새 죽지

그리고 아침 되면 다시 떠올라
하루 유령이 내가 되지
누군지도 모르는
머리를 가져간 그 사람 때문이지

2
사람들은 왜 밤에 더욱 확실해지는가

나는 또 누워서 천 리를 가지
죽은 내 머리 위엔 금관을 씌우고
또 하나의 머리 위엔 날개도 달고
또 하나의 머리 위엔 기와집 짓고
또 하나의 머리 위엔 왕자가 오는 길도 보이게 하고
또 하나의 머리 위엔 피리도 매달고
찬물도 떠 놓고 뱀도 키우고

이렇게 머리는 천 리를 가고
물고기 뼈도 닿지 않는 수심 천 리의 천 리를 가고
밤이면 서러운 몸뚱이만 남지
몸뚱이만 벌겋게 남아 뒤채이지

폐허의 노래

바람을 보러
들에 갔더니
풀들만 온몸으로 울고 있었네

내가 보고 싶던
바람은 없고
서산마루에 다만

풀들의 울음이 떠다니며
누구의 승천을 의논하고 있었네

아, 산도 밀 수 있는
내 슬픔의 무게

후둑후둑 내리는 큰 빗속으로
하얀 그리움이 꿰어 다님을……

새에게 쫓기는 소녀

풀들은 푸들푸들 떨고만 있었다. 치마에서 꽃들이 일제히 튀어나와 눈을 동그랗게 뜨고 뛰어다녔다. 총도 소녀를 구해 주진 못했다. 햇빛은 사방으로 빠져나가고 소녀는 쪼였다. 오, 열쇠 열쇠, 땀방울들이 소리를 질렀다. 소녀 눈에서 마지막 눈물이 뚝! 떨어져 나무 끝에 빨갛게 매달려 버렸다. 사방에 흩어지는 깃털. 종이 울리고 긴 강이 흉흉한 걸음으로 흘러가고 있었다.

연

어릴 때 바닷가에서
놓쳐버린 연이 햇볕이 되어
우리 방에 와 걸려 있다

종이 울리면
지금도 설레는 이 연을 잡으려고

꽃도 꽂아 두고
죽은 여자도 바쳤지만
추위만 남고

그만 날려버리려고
무수한 담배를 피워대도, 연은
하얀 웃음으로 서 있다

나는 바닷가로 뛰어가
부는 바람에도 별처럼 울먹이며
연을 따라 하늘로 하늘로 오르다가

끝끝내 아름다운

연 속에 빠지어
파랗게 익사하고 말았다

폭풍우

내 허리를 휘감아 줄
사내는 없는가

저 야생의 히스클리프처럼 털이 세고
하나밖에 다른 것은 모르는 밤의

다시는 용납할 수 없는
아픔이 땅 위를 뒹굴고 있다

붉은 머리 풀어헤치고
으르렁거리는

목 아프도록 징그러운
그리움이여

먼 바람 속에서
무덤이 나를 삼키려
달려든다

죽은 어미의

밥상에서는 그릇이 저 혼자 깨지고

수천 번 쏟아지는
서슬 푸른 기침을 따라

밤새 비단벌레 같은 여자가
하늘로 하늘로 오르고 있다

비

큰 강이 날개를 불태우고 있네

수풀 사이를 빠져나와
물결은 망설이며
먼 바람을 따라가네

슬픈 발로 서서
새 한 마리가
나무의 깊은 옷을 벗기고

내 홀로의 피가
비로 내리는 일을 아는가

미친 길이 살을 여미지 못해
자꾸 다가서네

성 저편에서
무지개가 빗속을 서성이고

그동안 눈을 뜬 이는

무지개의 꼭두머리에 올라가 있네

눈

누가 날 흔들어
눈을 떠 보니

죽은 바다 같은 어두움 속에
고요가 하얗게 곁에 와 섰더라

광풍 앞에서도 애써 감추던
우리네 살갗인데

그대는 소리 하나 힘 하나 없이

이 밤중
깊이 숨겨 둔 우리네 눈을
대낮같이
뜨게 하더라

겨울나무

열어 주소서

눈 속에 슬픈 발을 묻고
저 나무들이 서서 울고 있습니다

당신의 신(神)의 터전에
바람이 휘몰아치면
삶은 꽃처럼 흔들립니다

이곳은 어느 곳일까
제가 앉아서
입 맞춘 소중한 모습

이제 저의 두 눈이 멀어도
살이 터져서 닿을 수 없는 뜨거움을……

벗은 나무여, 벗은 나무여,
제 밀물을 소리치게 해 주소서

하늘

하늘입니다 깊게 차오르는
샘물을 퍼냅니다

해가 저뭅니다
바람 많은 고향에
남기어 둔
한 굽이의 흐름을
흔들리는 손으로 건졌습니다

눈물 속에는 눈물 속에는
나의 어린 새끼손가락 가시를
서럽게 파내시던

어머니의 모습이 자라고 있습니다

겨울 일기

나는 이 겨울을 누워 지냈다
사랑하는 사람을 잃어버려
염주처럼 윤나게 굴리던
독백도 끝이 나고
바람도 불지 않아
이 겨울 누워서 편히 지냈다

저 들에선 벌거벗은 나무들이
추위 울어도
서로서로 기대어 숲이 되어도
나는 무관해서

문 한 번 열지 않고
반추동물처럼 죽음만 꺼내 씹었다
나는 누워서 편히 지냈다
사랑하는 사람을 잃어버린
이 겨울

새 떼

흐르는 것이 어디 강물뿐이랴
피도 흘러서 하늘로 가고
가랑잎도 흘러서 하늘로 간다
어디서부터 흐르는지도 모르게
번쩍이는 길이 되어
떠나감 되어

끝까지 잠 안 든 시간을
조금씩 얼굴에 묻혀 가지고
빛으로 포효하며
오르는 사랑아
그걸 따라 우리도 모두 흘러서
울 이유도 없이
하늘로 하늘로 가고 있나니

콩

풀벌레나 차라리 씀바귀라도 될 일이다
일 년 가야 기침 한 번 없는 무심한 밭두렁에
몸을 얽히어
새끼들만 주렁주렁 매달아 놓고

부끄러운 낮보다는 밤을 틈타서
손을 뻗쳐 저 하늘의 꿈을 감다가
접근해 오는 가을만 칭칭 감았다
이 몽매한 죄,
순결의 비린내를 가시게 하고
마른 몸으로 귀가하여
도리깨질을 맞는다
도리깨도 그냥은 때릴 수 없어
허공 한 번 돌다 와 후려 때린다
마당에는 야무진 가을 아이들이 뒹군다
흙을 다스리는 여자가 뒹군다

소

한 번도 꺼내지 않았던 슬픔
끝내 입 다물고 떠나리
마지막 햇살에 떨고 있는
운명보다 더 무서운 이 살 이끌고

단 한 번의 자유를 위해
머리에 심은 뿔, 고목처럼 그대로 주저앉히고
보이지 않는 피의 거미줄에 걸린
흑인 올훼처럼 떠나리
어쩔 수 없다
눈에서 떨어지는 누우런 불덩이
저 하늘 이것 하난
용납하시리
살은 이미 순하게 꿈에 들었고
삐걱삐걱 뼈로만 그저 걸어서
한번 가면 다시는 오기 힘든 곳으로
떠나가는 소야! 소야!
여기 나는 어떤 모습이냐?

선언

지금까지는 무효다
이 침묵도 무효다

강요당한 침묵의 밧줄,
아, 아, 세상에

봄조차도
침묵으로 말하고 있다

내가 없다
그러나, 내가 살고 있다

무효다
이 봄은 무효다

참회 시 1

말로써 우리가 감동되던 시대는 갔다
우리들은 모두 어두움 속에서 더욱 빛나는
별이 되어
몸으로 울라
몸으로 울라
온몸으로 통곡하는 것이
이 시대의 감동이다

봄이 오면
내 기다림과 부끄러움을 말하리라
새벽이 오면
나는 꿇어앉아 기도하리라
손풍금 소리 같은 나이 어린 자유
눈멀고 힘 잃은,
결코 순백해야만 하는 우리 어머니 앞에
바람 따라 쏠려 다니던
죽은 말들의 서러움을
말이 다시 노래가 되고,
노래는 흐르고 흘러서
아, 감동의 푸른 나무로 부활되기를

우울한 날은

우울한 날은
우울하게 죽은 자의 무덤에 간다
구름내와 눈물내가 어둡게 나는
우울의 이마를 짚으러 간다
권력의 톱으로도 썰지 못하고
시간의 날카로운 이빨로도 못 쓰러뜨린
이 세상의 우울이란 우울
모두 거머쥐고 죽은 자의 무덤
그 곁에 망각처럼 누우러 간다
여기서는 모든 것이 지척이어서
꿈으로 닿는 길도 지척이어서
손 씻고 손 씻고
아아 나는 가벼워져

대못

떠나올 때
눈먼 어머니
대못으로 가슴에다 박아왔어요

비바람 그치지 않는
정든 골목에서
여름에도 추워하는 내 친구들은
벙어리인 채
손만 흔들었어요

한 줄 꿈도 없이
목메는 기도도 없이

길이 너무 많아
길이 없는
이 나라는 내겐 너무 어려워요

그래서 나는 그냥 뛰어요
눈멀고 입 다문 그 모습
대못으로 가슴에다 박아 안고서

시인을 기다림

머리 위에
한 마리 별을 키우는
외로운 나무가 당신입니다

비가 오면 사건처럼 나체로 서서
언어의 빛과 향기를 내뿜다가
햇살의 빗질로
또 신록을 입는
당신을 기다립니다

빙설이 완강한 용기로
거리를 안았다 놓아버린 후
몸이 얼어 돌아오지 못하는
벙어리 식물
당신을 기다립니다

흐름에 대하여

바다에 가서
바다가 되고 싶다

참으로 흐른다는 것이 무엇인지
흐름의 숨결로 키워낸 진주는
왜 슬픔처럼 영롱한 것인지
알고 싶다

하늘은 왜 우리에게
햇살과 함께
자유를 주었는가

우리들은 왜 흐르는가

바다에 가서
바다가 되지 못하고
날개가 되지 못하고
왜 약속처럼 산으로 가는가

산으로 가는가

한 벌 죽음으로 자유와 햇살 빼앗기고
다만 혼자 제 목숨 갖고 가는가

술병의 노래

웬일일까?
이 겨울
만나는 가슴마다 흔들어 보면
술병처럼 맑고 뜨거운 물 목까지 차서
조금씩 분해하고
부끄러워하니

브랜디 빛 아름다운 광기를 숨기고
넘치는 유혹, 더운 음모
푸른 술병 속에 감쪽같이 숨기고
모두들 뒷모습만 보이고 있으니

부딪치면 깨어지는 위험한 몸들
아프게 부딪치어
별을 떨구며
슬픔처럼 독한 술 목까지 채우고,
동해바다 포효를 가슴까지 채우고,

입마다 쇠마개 쓰고
입마다 쇠마개 쓰고

겨울 거리 어디론가 실려서 간다

하늘을 보면

하늘을 보면
언제나
힘을 생각는다

불끈불끈 함부로
힘줄 보이지 않는
힘

온유하여 더욱 어렵고
찬란한 힘

우리가 나무가 아니라 해도
한 오라기 비밀도 없이
그 앞에 서고 싶은

서서는 무한한 강에
푸른 손 저으며
물결치는 잎사귀로 닮아가고 싶은……

그러나 오늘은

힘도 아닌 것이 우리들을 흔든다

차마 회오리인 것이
옷을 벗기고
숲 새에 일렁이는 노래를 빼앗는다
우리가 나무가 아니라 해도
통금에 묶인 가로수처럼
맨발로 늘어서서
홀연히 잎을 떨구며 뒤틀리지 않으며
하늘 향해 그 모두를 증거할 수밖에 없다

식기를 닦으며

식기를 닦는다

이 식기를 내가 이렇게
천 번을 닦아
이것이 혹은
백자가 된다면
나는 만 번을 닦으리라

그러나
천 번을 닦아도 식기인 식기
일상이나 씻어내는 식기인 식기를 닦으며
내 젊은 피 닳히고 있느니

훗날 어느 두터운 무덤 있어
이 불길 덮을 수 있으랴

시간 1

너의 머리칼을 만져본다

끝없이 쏟아져 내리는 찰나
언제나 숫처녀인 그대의 몸을

신 앞에 두 손 한 번 모은 적 없는
내게 무슨 은총으로
이러히 두려운 신방을 주는가

그 앞에 떠는
나는 눈먼 짐승이다
손만 닿으면 눈 녹듯 옛날이 되고 마는

섬뜩한 촉감에 떼밀리어
나는 뜻 없이 깊어만 가는데
모르겠다

다만 아느니
어느 날 네 머리칼 한 올 내 눈 쑤시어
나는 소멸하리라

바다 앞에서

문득, 미열처럼 흐르는
바람을 따라가서

서해바다
그 서럽고 아픈 일몰을 보았네

한 생애
잠시 타오르던
불꽃은 스러지고
주소도 모른 채
떠날 채비를 하듯
조용히 옷을 벗는 해안선을 보았네

아, 자연
당신께 드리는 나의 선물은
소슬히 잊는 일뿐

더운 호흡으로 밀려오던
눈과 파도와
비늘 같은 욕망을

잊는 일뿐이었네

잊는다는 일 하나만
보석으로 닦고 있다
떠나는 날
몸과 함께 땅에 묻는 일이었네

타국에서

친구여
나는 시방 답장을 쓸 수가 없다

나라를 떠날 때에
나라말도 함께 그곳에 두고 왔으므로

펄펄 살아 뛰는 말은
위험해서
골방에 자물쇠로 깊이 잠가 두었고

이곳저곳 떠돌아
거품이 된 것들만
편리한 친구에게 남겨 두었다

친구여
그래서 시방은 답장을 쓸 수가 없다

해 뜨고
새가 나는
이곳에서도

내 말은 모두 그곳에 있으므로

황진이의 노래 1

나는 바람인가 봐요

담도 높은 대궐 안엔
문도 많은데
문마다 모두 열어젖히고 싶어요

닿는 것마다
흔들고 싶어요

지체 있는 뭇별들을
죄다 따고 싶어요

아니어요

작은 햇살에도 얼굴 부끄러운
풀꽃 같은
사랑 하나로

높은 벽에 온몸 부딪고
스러지고 싶어요

황진이의 노래 2

갈밭이어요
바람이 무성히 자라요
그대 발에 채워진
천 근의 사슬

내 허리에 감기운
청홍의 그물

사슬과 비단 끈에
밤이 묶여 흐느껴요

아니어요
그 사슬이
날 태우는 기름이어요

그 비단 끈
입술 닿아
화상이어요

이 세상 모오든 서적과

갈밭을 태우고도 남을

한 생애의
불길이 타고 있어요

사랑은 불이 아님을

사랑은 불이 아님을
알고 있었다

잎새에 머무는 계절처럼
잠시 일렁이면

나무는 자라고
나무는 옷을 벗는
사랑은 그런 수긍 같은 것임을

그러나 불도 아닌
사랑이 화상을 남기었다

날 저물고
비 내리지 않아도
저 혼자 흘러가는

외롭고 깊은
강물 하나를

어린 사랑에게

건중, 가온에게

벌판의 풀잎 칼이
네 손 베면
나의 속살에서 피가 흐르고

갈대밭 마파람이
네 맘 흔들면
나의 굴형에서 천둥이 친다

아
나 홀로는
절대히 살아 있지 않음이여

너로 하여
내 목숨의 빛남이여

이 아프고 눈먼 끈을
어느 별은 알리라

비의 사랑

몸속의 뼈를 뽑아내고 싶다
물이고 싶다
물보다 더 부드러운 향기로
그만 스미고 싶다

당신의 어둠의 뿌리
가시의 끝의 끝까지
적시고 싶다

그대 잠 속에
안겨
지상의 것들을
말갛게 씻어내고 싶다

눈 틔우고 싶다

고독

그대 아는가 모르겠다

혼자 흘러와
혼자 무너지는
종소리처럼

온몸이 깨어져도
흔적조차 없는 이 대낮을

울 수도 없는 물결처럼
그 깊이를 살며
혼자 걷는 이 황야를

비가 안 와도
늘 비를 맞아 뼈가 얼어붙는
얼음번개

그대 참으로 아는가 모르겠다

할미꽃

이곳에 이르러
목숨의 우레 소리를 듣는다

절망해 본 사람은 알리라
진실로 늙어본 이는 알고 있으리라

세상에서 제일 추운 무덤가에
허리 구부리고 피어 있는
할미꽃의 둘레

이곳에 이르면
언어란 얼마나 허망한 것인가

꽃이란 이름은 또 얼마나
슬픈 벼랑인가

할미꽃
네 자줏빛 숨결에
태양이 가라앉는다

찔레

꿈결처럼
초록이 흐르는 이 계절에
그리운 가슴 가만히 열어
한 그루
찔레로 서 있고 싶다

사랑하던 그 사람
조금만 더 다가가면
서로 꽃이 되었을 이름
오늘은
송이송이 흰 찔레꽃으로 피워 놓고

먼 여행에서 돌아와
이슬을 털듯 추억을 털며
초록 속에 가득히 서 있고 싶다

그대 사랑하는 동안
내겐 우는 날이 많았었다

아픔이 출렁거려

늘 말을 잃어 갔다
오늘은 그 아픔조차
예쁘고 뾰족한 가시로
꽃 속에 매달고

슬퍼하지 말고
꿈결처럼
초록이 흐르는 이 계절에
무성한 사랑으로 서 있고 싶다

아들에게

아들아
너와 나 사이에는
신이 한 분 살고 계시나 보다

왜 나는 너를 부를 때마다
이토록 간절해지는 것이며
네 뒷모습에 대고
나는 언제나 기도를 하는 것일까?

네가 어렸을 땐
우리 사이에 다만
아주 조그맣고 어리신 신이 계셔서

사랑 한 알에도
우주가 녹아들곤 했는데

이제 쳐다보기만 해도
훌쩍 큰 키의 젊은 사랑아

너와 나 사이에는

무슨 신이 한 분 살고 계셔서
이렇게 긴 강물이 끝도 없이 흐를까?

절망의 노래

하나하나
옷을 벗는다

처음 맞대보는 하늘에
속살을 떨며

땅바닥에
깊이 배를 깐다

아, 몸이란 얼마나 슬프고
가벼운 것인가

두 다리로 서는 일이란
또 얼마나 눈물겨운 일인가

아무 말도 말라
옷을 벗고 맨몸으로
언 땅바닥에 누워

부시시 깃털이 돋는 소리를

듣고 있다

지금 까만 헤엄을 치고 있다

보석의 노래

만지지 말아요
이건 나의 슬픔이에요
오랫동안 숨죽여 울며
황금 시간을 으깨 만든
이건 오직 나의 것이에요

시리도록 눈부신 광채
아무도 모르는
짐짓 별과도 같은
이 영롱한 슬픔 곁으로
그 누구도 다가서지 말아요

나는 이미 깊은 슬픔에 길들어
이제 그 없이는
그래요
나는 보석도 아무것도 아니에요

서시*

풀꽃 하나가
쓰러지는 세상을 붙들 수 있다

조그만 솜털 손목으로
어둠에 잠기는 나라를
아주 잠시
아니, 아주 영원히
건져올릴 수 있다

풀꽃 하나, 그 목숨 바스라져
어둡고 서러운 가슴에
별로 떴다

꺼지지 않는 큰 별로
역사에 박혔다

---

* 〈서시〉부터 〈천둥〉까지 연이어 실은 여섯 편은 장시집 《아우내의 새》 수록작이다.

죽은 시계

하나둘
시계들이 멎기 시작했다
숫자판에 독이 묻어나고
시곗바늘엔 정적이 감겼다

시계 밖으로
흰옷 입은 사람들이 두 줄로 늘어섰다
백두산에서 한라산까지 늘어섰다

한 줄은 무릎 꿇고 용수 쓰고 엎디었다
한 줄은 꿰맨 옷에 얼음 발로
주린 배를 움켜쥐고
두만강 건너 만주 벌판으로
떠돌아갔다

하나밖에 없어
뜨거운 목숨
그 목숨의 비밀을 실천할 수 없어
산 같은 침묵을 입속에 담고
멀리멀리 흩어졌다

비수

발톱을
고압선처럼 예민하게 세워 놓고

바람 닿기만 해도
하얀 재가 되게 불 달구어 놓고

온 천지 촘촘한 그물망 쳐 놓아도
소문은 비수처럼 꿰어 다닌다

조준된 총구 앞에
새 한 마리 훨훨 날아다닌다

강물보다 더 먼

시간은 땅 밑으로만 흘러갔다

"자유가 아니면 죽음을 달라."*

땅속에 묻은 이 말
시간 밖에 던진 이 말

새나가면
목 잘리고
개죽음 당하는 이 말

땅보다 더 깊고
강물보다 더 먼
2천만 가슴에다 묻어 두었다

티눈처럼
밤이면 아려오는 씨앗으로
깊이깊이 숨겨 두었다

---

* 미국의 '건국의 아버지'라 불리는 패트릭 헨리(Patrick Henry)의 말.

새와 뱀

금테 두른 검사 뱀이 혀를 날름거렸다
날름거리는 혀가 길게 빠져나와
새 한 마리를 죽이고 있었다

나무의자에 앉은 새는
꽁지가 빠져
온 힘을 다해 뒤뚱거렸다

그의 부리에
푸른 하늘 한 조각 물려 있었다

뱀 피고 유관순은 서울 이화학당 학생으로 3월 1일의 서울 시위운동을 보고 3월 13일 귀향하여 양력 4월 1일 갈전면 병천 장날 독립 시위운동을 하고자 계획하여 자택에서 태극기 5천 장을 만들어 하오下午 1시 병천시장에 이르러 3천여 명의 군중을 선동, 태극기를 흔들며 대한 독립 만세를 고창하였다. 그 죄 엄중히 벌 받아야 마땅하거늘…….*

새 그것이 죄라니?
내 것을 나에게 돌려달라고 한 것이

죄가 되다니…….

뱀   그러나 나이 어린 학생임을 감안하여 7년 구형에 3년 실형 언도함. 이상.

탕 탕 탕

---

* 공주지방법원 1심 기록. 이후 유관순은 경성복심법원으로 옮겨졌다. 1심 재판의 형량이 5년형이었음이 2007년에 문서로 확인되었다.

천둥

밤새도록
천둥이 쳤다

뱀들은 등어리에 패배 느꼈다
비늘마다 서늘한 서릿발 돋았다

저 눈동자 빛나는 한
저 날개 퍼덕이는 한
뱀은 약탈자일 수밖에 없었다

하늘에서 푸른 별 하나 내려와
새가 되어

사람들의 깊고 깊은 수렁 속을
날아오르고 있었다

아무리 묶어 놓아도
홀로 날아오르고 있었다

2부

썩는다는 것은

참으로

아름다운 일

이명

요즘 내 귀에서는 이명이 들리기 시작한다
누군가 급하게 대문을 두들겨서 나가 보면
거기엔 싸늘한 정적이 서 있는 거라든가
손목시계를 풀 때마다 검은 배암이
스물렁 하고 가죽 나무를 넘어가는 소리에 시달리고 있다
간이 굳어 죽어가며 그가 흐윽! 하고 내쉬던
마지막 숨소리, 퉁퉁 부은 젊은 손으로 베옷 서걱이며
그가 떠나가던 소리
고아가 되어 야간열차 타고 서울로 오던 날 밤
정으읍 ― 강겨엉 ― 대저언 ― 절뚝거리며 따라오던
기차 소리……
두근거리며 온몸에 얼음이 박혀
사시사철 삐걱거리는 뼈마디 소리
귀를 물로 씻고 솜방망이로 샅샅이 후벼 봐도
귀를 떼서 햇빛에 걸어 놓아 보아도
이명은 멈춰지지 않는다
아예, 큰 신혼살림을 차리고 들어앉았는가 보다
깨가 쏟아진다

곡비 哭婢

사시사철 엉겅퀴처럼 푸르죽죽하던 옥례 엄마는
곡을 팔고 다니는 곡비였다

이 세상 가장 슬픈 사람들의 울음
천지가 진동하게 대신 울어 주고
그네 울음에 꺼져버린 땅 밑으로
떨어지는 무수한 별똥 주워 먹고 살았다
그네의 허기 위로 쏟아지는 별똥 주워 먹으며
까무러칠 듯 울어대는 곡소리에
이승에는 눈 못 감고 떠도는 죽음 하나도 없었다
저승으로 갈 사람 편히 떠나고
남은 이들만 잠시 서성일 뿐이었다

가장 아프고 가장 요염하게 울음 우는
옥례 엄마 머리 위에
하늘은 구멍마다 별똥 매달아 놓았다

그네의 울음은 언제 그칠 것인가
엉겅퀴 같은 옥례야, 우리 시인의 딸아
너도 어서 전문적으로 우는 법 깨쳐야 하리

이 세상 사람들의 울음
까무러치게 대신 우는 법
알아야 하리

순은의 펜으로
이 땅의 시인을 위하여

우리들의 가슴에는 언제나
한 장의 순수한 백지가 있었다

목이 긴 새가 되어
가장 새롭고
가장 날카로운 시력으로 날고 싶은
오래고도 그윽한 숲이 있었다

이 땅에 태어나
밤마다 외로움에 떨며
별을 바라볼 때

별과 나 사이에는
어둠이 아니라
살아 있는 하나의 생명이 있듯이

고통의 백지를 적시며
슬프고도 찬란한 내 모국어는
밤마다 숲을 흔들며 날고 있었다

가령

어느 완강한 팔목이 와서

우리의 숨통을 막고

부자유의 오랜 장마 속으로

우리를 집어넣었을 때도

우리는 여윈 몸을 비틀며

어두운 망루에 서서

절대의 호흡으로 떠밀리고 있었다

지금 오랜만의 햇살에

우리는 두 손을 적시고 있다

모든 산맥이 조용히 힘줄을 세우고

별과 나 사이에 사는

풀들과 새들

그리고 자유의 낱알갱이들이

제각기 푸른 언어로 일어서고 있다

참으로 목이 타게 기다렸던

우리 마음의 혀

순은의 펜으로 때리는 종소리가 일어서고 있다

문신

새파란 촛불 아래
백옥 등어리 여인이 앉아 있다
사랑하던 장군 그 몽매의 사내를
등어리에 바늘로 새기고 있다
세상에서 제일가는 문신의 솜씨
그림자 흔들리는 미동으로 지나가면
그 전쟁터 화살촉에 쓰러진 아까운 애인
홀연, 구레나룻 세우고 되살아난다
뜨거운 혀로 불을 삼키듯
서로가 서로를 삼키었던 천년 언약
달빛 흐르는 백옥 등어리에
말발굽 소리로 부활하고 있다

죽어서도 피가 도는 우리 장군
이제 밤이 깊으면
그네는 일어나 춤을 추리라
앙다문 입술 눈에 서린 서기
서리서리 휘감고 춤을 추리라
천년을 같이 살고, 천년을 같이 잠자는
몽매의 사내를 감고 추리라

감자

허허벌판 감자밭에
항아리만 한 여자가 앉아 있었다

감자를 캐다가 배가 고파서
감자 더미에 올라앉아
감자를 혼자 구워 먹고 있었다
멀리서 한 사내가 고라니같이
뛰어왔다
쫓기며 쫓기며 숨겨 달라고 했다

여자는 감자 먹던 손으로 급한 김에
아래를 가리켰다
고라니는 치마 속으로 들어갔다
둘은 큰 항아리가 되었다

총 든 병사가 달려왔다
여자는 감자 먹던 손으로 급한 김에
먼 데를 가리켰다
병사는 먼 데로 사라지고
여자는 앉은 채로 흔들렸다

산이 뒤뚱거렸다
감자가 입으로 마구 들어갔다
감자밭에 불길 치솟았다

여자는 날마다 뚱뚱해졌다
두엄만큼 되었다
짚더미만큼 되었다
드디어 여자는 감자를 낳았다
천년 동안 줄줄이 낳았다
우리 지구는 감자들로 가득해졌다
닮은 감자들은 서로가 우스워서
맨날 웃었다

총 든 병사는 무엇이며 어디로 갔는가?
감자들은 가끔 생각했다

꿈

내 친구 연이는 꿈 많던 계집애
그녀는 시집갈 때 이불보따리 속에
김찬삼의 세계여행기 한 질 넣고 갔었다

남편은 실업자 문학청년
그래서 쌀독은 늘 허공으로 가득했다

밤에만 나가는 재주 좋은 시동생이
가끔 쌀을 들고 와 먹고 지냈다

연이는 밤마다
세계 일주 떠났다
아테네 항구에서 바닷가재를 먹고
그다음엔 로마의 카타콤으로!
검은 신부가 흔드는

촛불을 따라 들어가서
천년 전에 묻힌 뼈를 보고
으스스 떨었다

오늘은 여기서 자고 내일 또 떠나리
아! 피사, 아시시, 니스, 칼레……

구석구석 돌아다니느라
그녀는 혀가 꼬부라지고
발이 부르텄다

그러던 어느 날 그녀는 그만
뉴욕의 할렘 부근에서 쓰러지고 말았다
밤에만 눈을 뜨는
재주꾼 시동생이
김찬삼의 세계여행기를 몽땅 들고 나가
라면 한 상자와 바꿔온 날이었다

그녀는 비로소 울었다
결혼반지를 팔던 날도 울지 않던
내 친구 연이는
그날 뉴욕의 할렘에 쓰러져서 꺽꺽 울었다

손톱

지는 저녁 해를 마주하고 앉아
팔순 어머니의 손톱을 자른다

벌써 하얀 반달이 떠오르는
어머니의 손톱을 자르면
세상의 바람 소리도
모두 잘리어 나간다

어쩌면 이쯤에서
한쪽 반달은 이승으로 떨어지고
또 한쪽은 어머니 따라
하늘로 가리

시시각각으로 강물은 깊어 가는데
이제 작은 짐승처럼
외로운 어머니의 등
은비늘처럼 부드러운 어머니의 손톱이 피울
저 먼 나라의 꽃은
무슨 색일까?

무슨 꽃이 어머니의 꽃밭에 피어나
날마다 그녀가 주는 물에
나처럼 가슴이 젖을까

흔들리며 흔들리며
팔순 어머니의 손톱을 자른다

작은 부엌 노래

부엌에서는
언제나 술 괴는 냄새가 나요
한 여자의
젊음이 삭아가는 냄새
한 여자의 설움이
찌개를 끓이고
한 여자의 애모가
간을 맞추는 냄새
부엌에서는
언제나 바삭바삭 무언가
타는 소리가 나요
세상이 열린 이래
똑같은 하늘 아래 선 두 사람 중에
한 사람은 큰방에서 큰소리치고
한 사람은
종신 동침계약자, 외눈박이 하녀로
부엌에 서서
뜨거운 촛농을 제 발등에 붓는 소리
부엌에서는 한 여자의 피가 삭은
빙초산 냄새가 나요

그런데 언제부터인가 모르겠어요
촛불과 같이
나를 태워 너를 밝히는
저 천형의 덜미를 푸는
소름 끼치는 마고할멈의 도마 소리가
똑똑히 들려요
수줍은 새악시가 홀로
허물 벗는 소리가 들려와요
우리 부엌에서는……

마흔 살의 시

숫자는 시보다도 정직한 것이었다
마흔 살이 되니
서른아홉 어제까지만 해도
팽팽하던 하늘의 모가지가
갑자기 명주솜처럼
축 처지는 거라든가

황국화 꽃잎 흩어진
장례식에 가서

검은 사진 테 속에
고인 대신 나를 넣어 놓고
끝없이 나를 울다 오는 거라든가

심술이 나는 것도 아닌데 심술이 나고
겁이 나는 것도 아닌데 겁이 나고 비겁하게
사랑을 새로 시작하기보다는
잊기를 새로 시작하는 거라든가

마흔 살이 되니

웬일인가?

이제까지 떠돌던
세상의 회색이란 회색
모두 내게로 와서
어딘가에 전화를 걸어
새 옷을 예약하는 거라든가

아, 숫자가 내 기를 시든 풀처럼
팍 꺾어 놓는구나

이 가을에

사랑이여
나는
말간 하늘에 숨이 막혀
끝없는 수마에 잠겨드느니

밤에는 장작이 쪼개지는
비명으로 일어나
사라져 가는 모든 슬픔
사라져 가는 모든 아름다움을
홀로
뜨거이 만져보느니

이 가을에
나는 자꾸만 혼절하느니

사랑이여
돌개바람으로 스쳐 간
네 짧은 가을 사랑이여

남한강을 바라보며

그대 안에는
아무래도 옛날 우리 어머니가
밤마다 부뚜막에 찬물 떠 놓고 빌던
그 조왕신이 살고 있나 보다

사발마다 가득히
한 세월의 피와
한 세월의 기도를
그 빛나는 말들로 채워
손바닥이 닳도록
빌고 또 빌던
그 물들이 모여

그대 안에
번쩍이는 비늘을 단
용과도 같은
거대한 것으로 살아 숨 쉬고 있나 보다

그래서 그대 안에
우리의 조급한 욕심과

시커먼 거짓과
저 서구의 쇳물이 서릴 때는
어린 물고기들이 흰 배로
까무러치고
심청이의 옷자락과도 같은
수초들이 썩어 내려
나는 아침에도 저녁에도
그대를 바라보며
먹탕물같이 진한 한숨을 뱉었나 보다

우리가 우리의 어린것들에게
가혹한 짐승의 숨소리를 들려줄 수가 없듯이
번드르르한 비단 홑껍데기 이불을
씌워 줄 수가 없듯이

참으로 물밑 바닥이 말갛게 내비치는 하늘과
그 수심만을 남기고 싶었듯이
모든 아닌 것들을 아니라고
속 시원히 말하고
너의 힘찬 물살에

자유로이 헹구어
번쩍이는 비늘을 단
용과도 같은
거대한 것으로 살아 숨 쉬는
말간 천년의 내면을 보고 싶었다.
남한강이여

베개

어느 해인가. 어머니는
명주옷을 뜯어 오색 물을 들여
자신의 수의를 짓기 시작했다.
치마, 저고리, 베개, 손싸개…….
그리곤 한지에 이름을 오려 써서
사이사이 가지런히 꽂아 놓았다.
틈만 있으면 어머니는
그것을 우리에게 보이고 싶어 했다.
죽음을 나누고 싶어서였을까?
공포를 만져보고 싶어서였을까?
그때마다 오빠는 바쁜 척 사라져 버리고
나는 얼굴을 가리고
다른 방으로 도망쳐 버렸다.
그래서 어머니는 사촌이나 오촌들이 오면
그것을 꺼내 놓았다.
나는 죽음옷 준비가 다 됐다고
날 받아 놓은 신부가
혼수를 펴 놓고 자랑하듯 했다.
친척들은 모두 대접으로 고개를 끄덕이고는
볼일이 있어서 곧 자리를 털고 일어섰다.

그래서 어머니는 그것을
끈 떨어진 여행가방에 담아
아파트 처마 밑에 매달아 놓고
하루에도 몇 번씩
"저기 있다 잉"
"필요할 때 당황 말고 척 찾아 써라 잉"
신신당부했다.
어머니는 한 새벽에 우리에게
그것이 필요할 때를 남겨 주고
조용히 떠나갔다.
삭은 낙엽처럼 가라앉았다.
나는 손가락으로 처마 밑을 가리켰고
사람들은 그 가방을 열고 수의를 꺼냈다.
아아, 거기에서 파르르!
한 마리 나비가 날았다
서툰 어머니의 조선 글씨가
포로롱거렸다.
베개⋯⋯ 베개⋯⋯ 베개⋯⋯ 베개⋯⋯.
어머니는 땅에 묻히고
나비는 남았다. 남아서는

밤마다 내 머리맡,
피로 도려낸 벼랑 위에서
흰 칼춤 추었다.
이승과 저승을 날아다녔다.

파꽃길

흰 파꽃이 피는 여름이 되면
바닷가 명교리에 가 보리라
조금만 스치어도
슬픔처럼 코끝을 건드리는
파꽃 냄새를 따라가면
이 세상 끝에 닿는다는 명교리에 가서
내 이름 부르는 바다를 만나리라
어린 시절 오줌을 싸서
소금 받으러 가다 넘어진 바위
내 수치와 슬픔 위에
은빛 소금을 뿌리던 외가 식구들
이제는 모두 돌아가고 없지만
서걱이는 모래톱 속에 손을 넣으면
차가운 눈물샘은 여전히 솟으리니
조금만 스치어도
슬픔처럼 코끝을 건드리는
파꽃 냄새를 따라가서
그리운 키를 쓰고 소금을 받으리라
넘실대는 여름 바다에
푸른 추억의 날개를 달아 주리라

이별 이후

너 떠나간 지
세상의 달력으론 열흘 되었고
내 피의 달력으론 십 년 되었다

나 슬픈 것은
네가 없는데도
밤 오면 잠들어야 하고
끼니 오면
입안 가득 밥알 떠넣는 일이다

옛날옛날적
그 사람 되어 가며
그냥 그렇게 너를 잊는 일이다

이 아픔 그대로 있으면
그래서 숨 막혀 나 죽으면
원도 없으리라

그러나
나 진실로 슬픈 것은

언젠가 너와 내가
이 뜨거움 까맣게
잊는다는 일이다

네가 내게 온 후

우린 비로소 한 생애의
일기를 쓰기 시작했다

창마다 환히 불이 켜지고
축복처럼 이 도시에 비가 내리면
우린 꿈꾸듯이
죽음을 생각했다

카페는 다사롭고
아이리시 커피는
영혼을 취하게 해
벽난로 속에 이글거리는
장작불을 바라보며
어디에도 돌아가고 싶지 않은 마음

달콤한 잿빛 공기를 마시며
저 창밖을 물결치는
자동차의 지느러미들을 보며

아아, 나무 탁자에 턱을 고이고 앉아

우린 비로소 한 생애의
일기를 쓰기 시작했다

오빠

이제부터 세상의 남자들을
모두 오빠라 부르기로 했다

집안에서 용돈을 제일 많이 쓰고
유산도 고스란히 제 몫으로 차지한
우리 집의 아들들만 오빠가 아니다

오빠!
이 자지러질 듯 상큼하고 든든한 이름을
이제 모든 남자를 향해
다정히 불러 주기로 했다

오빠라는 말로 한 방 먹이면
어느 남자인들 가벼이 무너지지 않으리
꽃이 되지 않으리

모처럼 물안개 걷혀
길도 하늘도 보이기 시작한
불혹의 기념으로
세상 남자들은

이제 모두 나의 오빠가 되었다
나를 어지럽히던 그 거칠던 숨소리

으쓱거리며 휘파람을 불어 주던 그 헌신을
어찌 오빠라 불러 주지 않을 수 있으랴

오빠로 불리우고 싶어 안달이던
그 마음을
어찌 나물 캐듯 캐내어 주지 않을 수 있으랴

오빠! 이렇게 불러 주고 나면
세상엔 모든 짐승이 사라지고
헐떡임이 사라지고

오히려 두둑한 지갑을 송두리째 들고 와
비단 구두 사 주고 싶어 가슴 설레는
오빠들이 사방에 있음을
나 이제 용케도 알아버렸다

잘 가거라, 나비야

아파트 그늘 아래
떨어져 누운 나비를 본다

아름다운 나비
노란 날개로 푸른 하늘을
가득히 끌어안으려고 했던 꿈
죄 하나 없이 썩어 가는 것을 본다

얼마나 발버둥쳤던가
행여 금빛 날개가 썩을까 봐
너와 나의 사랑이 썩을까 봐
얼마나 괴로워했던가

그러나 사랑하는 나비야
썩는다는 것은 참으로 아름다운 일이다
잘 썩어 흙이 된다는 것은 눈부신 일이다

저 차가운 비닐 조각처럼
슬프고 섬뜩한 플라스틱처럼
영원히 썩지 않는 마술에 걸려

독 묻은 폐기물로 지상을 나뒹구는 것
너무도 두려운 일이 아니냐

따스한 햇살 아래
언젠가는 썩을 수 있는 것으로
생겨난 것은
아무래도 잘한 일이다

잘 가거라, 나비야
살아서는 더운 피로 사랑하다
어느 날 흔적도 없이 사라질 수 있는 것은
아무래도 가슴 벅찬 축복이구나

딸기를 깎으며

우리 집 아이들은
딸기를 먹을 때마다
신을 느낀다고 한다

태양의 속살
사이사이
깨알 같은 별을 박아 놓으시고
혀 속에 넣으면
오호! 하고 비명을 지를 만큼
상큼하게 스며드는 아름다움
잇새에 별이 씹히는 재미

아무래도 딸기는
신 중에서도 가장 예쁜 신이
만들어 주신 것이다

그런데 오늘 나는 딸기를 씻다 말고
부르르 몸을 떤다
씻어도 씻어도 씻기지 않는 독,
사흘을 두어도 썩지 않는

저 요염한 살기,

할 수 없이 딸기를 칼로 깎는다
날카로운 칼로
태양의 속살, 신의 손길을 저며낸다
별을 떨어뜨린다

아이들이 곁에서 운다

추석 달을 보며

그대 안에는
아무래도 옛날 우리 어머니가
장독대에 떠 놓았던 정한수 속의
그 맑은 신이 살고 있나 보다

지난여름 모진 홍수와
지난봄의 온갖 가시덤불 속에서도
솔 향내 푸르게 배인 송편으로
떠올랐구나

사발마다 가득히 채운 향기
손바닥이 닳도록
빌고 또 빌던 말씀

참으로 옥양목같이 희고 맑은
우리들의 살결로 살아났구나
모든 산맥이 조용히 힘줄을 세우는
오늘은 한가윗날

헤어져 그리운 얼굴들 곁으로

가을처럼 곱게 다가서고 싶다
가혹한 짐승의 소리로
녹슨 양철처럼 구겨버린
북쪽의 달, 남쪽의 달
이제는 제발
크고 둥근 하나로 띄워 놓고

나의 추석 달은
백동전같이 눈부신 이마를 번쩍이며
밤 깊도록 그리운 얘기를 나누고 싶다

신록

내 힘으로 여기까지 왔구나
솔개처럼 푸드득 날고만 싶은
눈부신 신록, 예기치 못한 이 모습에
나는 몸 둘 바를 모르겠다

지난겨울 깊이 박힌 얼음
위태로운 그리움의 싹이 돋아
울고만 싶던 봄날도 지나
살아 있는 목숨에
이렇듯 푸른 노래가 실릴 줄이야

좁은 어깨를 맞대고 선 간판들
수수께끼처럼 꿰어 다니는
물고기 같은 차들도
따스한 피 돌아 눈물겨워한다
아무리 생각해 보아도
참고 기다린 것밖엔
나는 한 일이 없다
아니, 지난가을 갈잎 되어
스스로 떠난 것밖엔 없다

떠나는 일 기다리는 일도
힘이 되는가

박하 향내 온통 풍기며
세상에 눈부신 신록이 왔다

어머니의 편지

딸아, 나에게 세상은 바다였었다
그 어떤 슬픔도
남모르는 그리움도
세상의 바다에 씻기우고 나면
매끄럽고 단단한 돌이 되었다
나는 오래전부터
그 돌로 반지를 만들어 끼었다
외로울 때마다 이마를 짚으며
까아만 반지를 반짝이며 살았다
알았느냐, 딸아

이제 나 멀리 가 있으마
눈에 넣어도 안 아플
내 딸아, 서두르지 말고
천천히 뜨겁게 살다 오너라
생명은 참으로 눈부신 것
너를 잉태하기 위해
내가 어떻게 했던가를 잘 알리라
마음에 타는 불, 몸에 타는 불
모두 태우거라

무엇을 주저하고 아까워하리
딸아, 네 목숨은 네 것이로다
행여, 땅속의 나를 위해서라도
잠시라도 목젖을 떨며 울지 말아라
다만, 언 땅에서 푸른 잎 돋거든
거기 내 사랑이 푸르게 살아 있는 신호로 알아라
딸아, 하늘 아래 오직 하나뿐인
귀한 내 딸아

중년 여자의 노래

봄도 아니고 가을도 아닌
이상한 계절이 왔다

아찔한 뾰족구두도 낮기만 해서
코까지 치켜들고 돌아다녔는데

낮고 편한 신발 하나
되는 대로 꿰집어도
세상이 반쯤은 보이는 계절이 왔다

예쁜 옷 화려한 장식 다 귀찮고
숨 막히게 가슴 조이던 그리움도 오기도
모두 벗어버려
노브라 된 가슴
동해 바다로 출렁이든가 말든가
쳐다보는 이 없어 좋은 계절이 왔다

입만 열면 자식 얘기 신경통 얘기가
열매보다 더 크게 낙엽보다 더 붉게
무성해 가는

살찌고 기막힌 계절이 왔다

나는 나쁜 시인

나는 아무래도 나쁜 시인인가 봐
민중시인 K는 유럽을 돌며
분수와 조각과 성벽 앞에서
귀족에게 착취당한 노동을 생각하며
피 끓는 분노를 느꼈다고 하는데

고백건대
나는 유럽을 돌며
내내 사랑만을 생각했어
목숨의 아름다움과 허무
시간 속의 모든 사랑의 가변에
목이 메었어

트레비 분수에 동전을 던지며
눈물을 흘렸지
아름다운 조각과 분수와 성벽을 바라보며
오래 그 속에 빠지고만 싶었지

나는 아무래도 나쁜 시인인가 봐
곤돌라를 젓는 사내에게 홀딱 빠져

밤새도록 그를 조각 속에 가두려고
몸을 떨었어

중세의 부패한 귀족이 남긴
유적에 숨이 막혔어
그 아름다움 속에
죽고 싶었어

사랑하는 것은

사랑하는 것은
창을 여는 것입니다

그리고 그 안에 들어가
오래오래 홀로 우는 것입니다

사랑하는 것은
세상에서 가장 부드럽고
슬픈 것입니다

그러나
"사랑합니다."
풀꽃처럼 작은 이 한마디에
녹슬고 사나운 철문도 삐걱 열리고
길고 긴 장벽도 눈 녹듯 스러지고
온 대지에 따스한 봄이 옵니다

사랑하는 것은
세상에서 가장 아름답고
강한 것입니다

시작 노트*

나는 늘 위독하다

시의 길은 없다. 나락이 있을 뿐.

처음에 여드름처럼 시작된 나의 문학은 이제 불치의 병이 되어 한 생애를 흔들고 있다. 나는 늘 위독하다.

오랫동안 시인들은 "아니오!"라고 말하면서 범죄자처럼 주위를 휘둘러보곤 했다. 또한 많은 천재 시인들은 그들이 인정받지 못한 채 묻혀 있는 것이 천재의 의무라는 사실을 잊어버리고 착한 매소부賣笑婦가 되어 진열장에 진열되었다.

에즈라 파운드가 아니더라도 뮤즈의 정원이 정원으로서 존속하려면 잡초 뽑기가 무엇보다 시급하다.

타령조의 한이 남발되는 것을 혐오하듯이 방만한 광기 또한 혐오한다. 한의 정서는 풀이의 대상이 아니라 극복의 대상이며, 광기는 뜨겁고 어지러운 것이 아니라 창백한 달빛을 연상하는, 정서가

* 문정희, 《별이 뜨면 슬픔도 향기롭다》, 미학사, 1992.

고갈된 혼이기 때문이다.

  시가 정서의 산물임에는 틀림없지만 지성과 논리를 거치지 않고 그대로 노출되면 타령과 감상주의자의 방만한 광기에 머물고 만다.

  서정적인 수다, 그럴싸한 관념어로 짜인 온갖 이론의 인플레 속에 이 시대는 깊은 내상을 입고 있다.

  사람들은 정치의 불의나 경제의 부정에는 무섭게 분개하면서도 문화의 허위와 부패는 오랫동안 방치한다.

  많은 시인들이 절망과 고통을 말하지만, 그중에 진실로 절망할 자격이 있는 시인과 진실로 고통할 자격이 있는 시인은 누구일까? 가끔씩 혼란에 빠진다.

  시가 대중오락의 중요 품목이 된다든가, 혹은 큰 목청으로 사회 개혁 의지 따위를 부르짖는 불상사 가운데서도 많은 불행한 시인들은 '사람은 모두 죽는다'는 주제에서 벗어나지 못하고 전전긍긍 떨고 있다. 그런데 그 불행한 시인들이 뮤즈의 축제 초대장을 쥐고 있다는 사실은 신나는 아이러니다.

  시는 미세한 향기와 같아서 절대 고독의 병에 담지 않으면 날아가 버린다.

  문학은 속도가 아니다. 인생이나 사랑이 속도가 아니듯이. 한 사람의 시인에게는 당연히 하나의 세계가 있어야 하고 그 세계란 다름 아닌 이 세상 누구도 침범한 적이 없는 눈부신 처녀림을 말하는 것이다.

늙는 것이 두려운 것은 거기 닮고 싶은 아름다운 '노인'이 없기 때문이다. 늙어서 비로소 완성된 아름다운 '시인'을 한 분 만나고 싶다.

사랑의 불꽃과 향기로 숨 쉬고 있는 생명을 바라보며 나는 늘 외경에 떨었었다. 개별화된 작은 사랑의 존재와 경험이 이웃에 대한 사랑이 되고, 우주 전체로 확산되는 것을 바라보며 나는 또한 전율했었다. 그러나 그 어떤 사랑이든 언어로 묘사된 사랑이란 이미 덧없는 것은 아닐까?

그리고 시는 도덕이 아니라 오히려 부도덕 쪽은 아닐까? 시와 사랑 사이에는 영원한 갈등과 극복의 악마가 숨 쉬고 있다.

시인에게 있어서 실연은, 하나의 상실이 드디어 우주의 언어로 화하는 신비의 획으로 놓여야 마땅하다. 시인은 심연의 끝까지 절망하고 들끓는 고통의 늪에 온전히 그의 비극의 몸을 눕혔을 때, 비로소 사리와도 같은 우주의 언어를 획득하게 되기 때문이다. 아울러 시대는 그것을 살아 있는 지상의 보석으로 얻게 되기 때문이다.

적당한 곳에서 멈춰버린 절망, 아련한 차원에서 바라보는 상실의 슬픔을 다만 과장·미화하고 만지작거리며 소일하는 시편들의 범람은 마치 신비의 별을 가리는 흐린 날씨의 진눈깨비처럼 시 정신의 분열을 초래할 뿐이다. 시를 빙자한 언어의 때 묻은 변장과 정서의 남발은, 지상에 살아 있는 보석으로서의 시가 아니라 먼지 속에 푸른 리비도로 피어난 잡초의 음색이다.

그러나 우리가 지금 그 잡초들을 걱정할 필요는 조금도 없다. 시간이 가장 정확하고 정직하게 뽑아 줄 테니까.

공간을 살고 싶다.
사람들은 너무 시간의 생만을 의식하며 살고 있다. 최선의 공간, 최선의 아름다움으로 목숨을 채우고 싶다. 결국 죽음도 공간에서의 소멸을 얘기하는 것이다.
문신은 시간의 허망감에 대한 가장 원시적인 형태의 도전이다.
문신을 온몸에 새기리라. 생명의 즙을 짜내어 시간의 그 절대적인 힘을 펜촉에 알알이 묻혀 영혼의 비단을 짜리라. 혼의 공간에 새기는 문신. 그것이 나의 시를 쓰는 날갯짓이다.
나는 시라는 망루를 통하여 세상을 보고 싶었다. 그 빛나고도 아름다운 망루를 통하여 최후의 현실 하나를 만들고 싶었다. 그러나 망루에 이르는 사다리는 철저히 외롭고 어두운 잠수 속에 놓여 있어서 나는 늘 괴롭고 숨이 막혔다.
나는 부자유하다. 실로 금물禁物뿐이다.
부자유와 금기로 둘러싸인 불구의 시인.
그 공간에 나의 자화상이 놓여 있다. 자유로운 시인을 죽이고, 지폐와 식기와 메뉴에 철저한 중년 여자로 살아날 때 세상은 무사하게 유지되었다.

시는 지성 위에서 피어나는 꽃이다.
지성의 산출은 물질의 보조 위에서만이 가능하다.

독방이 없는 시인. 독방은 없고 안방만 있는 불쌍한 시인을 구출하기 위해서는 자유와 함께 물질의 보조가 절대로 필요하다. 그러나 대부분의 시인들은 스스로의 독방으로 인양되기도 전에 그만 물질과의 치열한 싸움, 물질이 파 놓은 함정에 빠져 익사하고 마는 것이 보통이다. 세금 고지서가 걸려 있고 밥상이 놓여 있는 안방에서 나의 독방으로 가고자 하는 지금, 생명을 다해 허덕이고 있다.

독방은 나의 세계, 나의 정부이다. 아무래도 익사할 것만 같다. 숨이 가빠 온다.

오, 자유와 물질.

시는 내게 있어 목적이 아니라 정열이며, 또한 직업이 아니라 건강이다. 나의 하루는 언제나 나의 건강을 지키기 위한 필사의 싸움으로부터 시작된다.

희뿌연 새벽의 정기가 물러나고 해가 서서히 중천으로 떠오르기 시작하면 마치 마녀처럼 숨었다가 나를 상투적인 일상으로 밀어넣으려는 무서운 복병들이 화려한 날개를 달고 달려든다. 그들은 마치 내가 시만 포기하면, 이 귀신 울음소리 같은 시 하나만 포기하면, 행복을 통째로 가져와 줄 것 같은 모습으로 나를 쏘아보고 나를 유혹한다.

원수 집안의 아들이자 불륜의 애인을 몰래 만나듯이 나와 시의 해후는 늘 이렇게 끔찍한 모험과 힘을 필요로 한다.

그렇다고 나의 사랑과 건강은 이 일차적 싸움에서 승리함으로써 완전히 지켜지는 것은 결코 아니다. 더구나 나는 이 끝없는 싸움의 성패를 알지 못한다. 아니, 그 싸움의 결과는 이미 내 몫이 아님을 나는 알고 있다.

  다만 나는 이 슬프고도 기막힌 싸움을 아마도 죽는 날까지 지속하리라는 예감에 전율한다.

3부

불가해한

비애의

꽃송이들을

성에 꽃

추위가 칼날처럼 다가든 새벽
무심히 커튼을 젖히다 보면
유리창에 피어난, 아니 이런 황홀한 꿈을 보았나
세상과 나 사이에 밤새 누가
이런 투명한 꽃을 피워 놓으셨을까
들녘의 꽃들조차 제 빛깔을 감추고
씨앗 속에 깊이 숨죽이고 있을 때
이내 스러지는 니르바나의 꽃을
저 얇고 날카로운 유리창에 누가 새겨 놓았을까
하긴 사람도 그렇지
가장 가혹한 고통의 밤이 끝난 자리에
가장 눈부시고 부드러운 꿈이 일어서지
새하얀 신부 앞에 붉고 푸른 색깔들 입 다물듯이
들녘의 꽃들 모두 제 향기를
씨앗 속에 깊이 감추고 있을 때
어둠이 스며드는 차가운 유리창에 이마를 대고
누가 저토록 슬픈 향기를 새기셨을까
한 방울 물로 스러지는
불가해한 비애의 꽃송이들을

한계령을 위한 연가

한겨울 못 잊을 사람하고
한계령쯤을 넘다가
뜻밖의 폭설을 만나고 싶다
뉴스는 다투어 수십 년 만의 풍요를 알리고
자동차들은 뒤뚱거리며
제 구멍들을 찾아가느라 법석이지만
한계령의 한계에 못 이긴 척 기꺼이 묶였으면

오오, 눈부신 고립
사방이 온통 흰 것뿐인 동화의 나라에
발이 아니라 운명이 묶였으면

이윽고 날이 어두워지면 풍요는
조금씩 공포로 변하고, 현실은
두려움의 색채를 드리우기 시작하지만
헬리콥터가 나타났을 때에도
나는 결코 손을 흔들지는 않으리
헬리콥터가 눈 속에 갇힌 야생조들과
짐승들을 위해 골고루 먹이를 뿌릴 때에도……
시퍼렇게 살아 있는 젊은 심장을 향해

까아만 포탄을 뿌려 대던 헬리콥터들이
고라니나 꿩들의 일용할 양식을 위해
자비롭게 골고루 먹이를 뿌릴 때에도
나는 결코 옷자락을 보이지 않으리

아름다운 한계령에 기꺼이 묶여
난생처음 짧은 축복에 몸 둘 바를 모르리

사랑하는 사마천 당신에게

: 투옥당한 패장을 양심과 정의에 따라 변호하다 남근男根을 잘리는 치욕적 궁형을 받고도
방대한 역사책 《사기》를 써서 '인간이란 무엇인가'를 규명한 사나이를 위한 노래

세상의 사나이들은 기둥 하나를
세우기 위해 산다
좀 더 튼튼하고
좀 더 당당하게
시대와 밤을 찌를 수 있는 기둥

그래서 그들은 개고기를 뜯어 먹고
해구신을 고아 먹고
산삼을 찾아
날마다 허둥거리며
붉은 눈을 번득인다

그런데 꼿꼿한 기둥을 자르고
천년을 얻은 사내가 있다
기둥에서 해방되어 비로소
사내가 된 사내가 있다

기둥으로 끌 수 없는
제 눈 속의 불
천년의 역사에다 당겨 놓은 방화범이 있다

썰물처럼 공허한 말들이
모두 빠져나간 후에도
오직 살아 있는 그의 목소리
모래처럼 시간의 비늘이 쓸려 간 자리에
큼지막하게 찍어 놓은 그의 발자국을 본다

천년 후의 여자 하나
오래 잠 못 들게 하는
멋진 사나이가 여기 있다

체온의 시

빛은 해에게서만 오는 것이 아니었다
지금이라도
그대 손을 잡으면
거기 따스한 체온이 있듯
우리들 마음속에 살아 있는
사랑의 빛을 나는 안다

마음속에 하늘이 있고
마음속에 해보다 더 눈부시고 따스한
사랑이 있어

어둡고 추운 골목에는
밤마다 어김없이 등불이 피어난다

누군가는 세상은 추운 곳이라고 말하지만
또 누군가는
세상은 사막처럼 끝이 없는 곳이라고
말하지만

무거운 바위틈에서도 풀꽃이 피고

얼음장을 뚫고도 맑은 물이 흐르듯
그늘진 거리에 피어나는
사랑의 빛을 보라
산등성이를 어루만지는
따스한 손길을 보라

우리 마음속에 들어 있는 하늘
해보다 더 눈부시고
따스한 빛이 아니면
어두운 밤에
누가 저 등불을 켜는 것이며
세상에 봄을 가져다주리

유방

윗옷 모두 벗기운 채
맨살로 차가운 기계를 끌어안는다
찌그러지는 유두 속으로
공포가 독한 에테르 냄새로 파고든다
패잔병처럼 두 팔 들고
맑은 달 속의 흑점을 찾아
유방암 사진을 찍는다
사춘기 때부터 레이스 헝겊 속에
꼭꼭 싸매 놓은 유방
누구에게나 있지만 항상
여자의 것만 문제가 되어
마치 수치스러운 과일이 달린 듯
깊이 숨겨왔던 유방
우리의 어머니가 이를 통해
지혜와 사랑을 입에 넣어 주셨듯이
세상의 아이들을 키운 비옥한 대자연의 구릉
다행히 내게도 두 개나 있어 좋았지만
오랫동안 진정 나의 소유가 아니었다
사랑하는 남자의 것이었고
또 아기의 것이었으니까

하지만 나 지금 윗옷 모두 벗기운 채
맨살로 차가운 기계를 안고 서서
이 유방이 나의 것임을 뼈저리게 느낀다
맑은 달 속의 흑점을 찾아
축 늘어진 슬픈 유방을 촬영하며

알몸 노래
나의 육체의 꿈

추운 겨울날에도
식지 않고 잘 도는 내 피만큼만
내가 따뜻한 사람이었으면
내 살만큼만 내가 부드러운 사람이었으면
내 뼈만큼만 내가 곧고 단단한 사람이었으면
그러면 이제 아름다운 어른으로
저 살아 있는 대지에다 겸허히 돌려드릴 텐데
돌려드리기 전 한 번만 꿈에도 그리운
네 피와 살과 뼈와 만나서
지지지 온 땅이 으스러지는
필생의 사랑을 하고 말 텐데

남자를 위하여

남자들은
딸을 낳아 아버지가 될 때
비로소 자신 속에서 으르렁거리던 짐승과
결별한다
딸의 아랫도리를 바라보며
신이 나오는 길을 알게 된다
아기가 나오는 곳이
바로 신이 나오는 곳임을 깨닫고
문득 부끄러워 얼굴 붉힌다
딸에게 뽀뽀를 하며
자신의 수염이 때로 독가시였음도 안다
남자들은
딸을 낳아 아버지가 될 때
비로소 자신 속에서 으르렁거리던 짐승과
화해한다
아름다운 어른이 된다

다시 남자를 위하여

요새는 왜 사나이를 만나기가 힘들지
싱싱하게 몸부림치는
가물치처럼 온몸을 던져오는
거대한 파도를……

몰래 숨어 해치우는
누우렇고 나약한 잡것들뿐
눈에 띌까, 어슬렁거리는 초라한 잡종들뿐
눈부신 야생마는 만나기가 어렵지

여권 운동가들이 저지른 일 중에
가장 큰 실수는
바로 세상에서
멋진 잡놈들을 추방해 버린 것은 아닐까
핑계 대기 쉬운 말로 산업사회 탓인가
그들의 빛나는 이빨을 뽑아내고
그들의 거친 머리칼을 솎아내고
그들의 발에 제지의 쇠고리를
채워버린 것은 누구일까

그건 너무 슬픈 일이야
여자들은 누구나 마음속 깊이
야성의 사나이를 만나고 싶어 하는걸
갈증처럼 바람둥이에게 휘말려
한평생을 던져버리고 싶은걸

안토니우스 시저 그리고
안녹산에게 무너진 현종을 봐
그뿐인가, 나폴레옹 너는 뭐며 심지어
돈 주앙, 변학도, 그 끝없는 식욕을
여자들이 얼마나 사랑한다는 걸 알고 있어?

그런데 어찌 된 일이야 요새는
비겁하게 치마 속으로 손을 들이미는
때 묻고 약아빠진 졸개들은 많은데

불꽃을 찾아 온 사막을 헤매며
검은 눈썹을 태우는
진짜 멋지고 당당한 잡놈은
멸종 위기네

러브호텔

내 몸 안에 러브호텔이 있다
나는 그 호텔에 자주 드나든다
상대를 묻지 말기를 바란다
수시로 바뀔 수도 있으니까
내 몸 안에 교회가 있다
나는 하루에도 몇 번씩 교회에 들어가 기도한다
가끔 울 때도 있다
내 몸 안에 시인이 있다
늘 시를 쓴다 그래도 마음에 드는 건
아주 드물다
오늘, 강연에서 한 유명 교수가 말했다
최근 이 나라에 가장 많은 것 세 가지가
러브호텔과 교회와 시인이라고
나는 온몸이 후들거렸다
러브호텔과 교회와 시인이 가장 많은 곳은
바로 내 몸 안이었으니까
러브호텔에는 진정한 사랑이 있을까
교회와 시인들 속에 진정한 꿈과 노래가 있을까
그러고 보니 내 몸 안에 러브호텔이 있는 것은
교회가 많고, 시인이 많은 것은

참 쓸쓸한 일이다
오지 않는 사랑을 갈구하며
나는 오늘도 러브호텔로 들어간다

머리 감는 여자

가을이 오기 전
포폴나*로 갈까
돌마다 태양의 얼굴을 새겨 놓고
햇살에도 피가 도는 마야의 여자가 되어
검은 머리 길게 땋아 내리고
생긴 대로 끝없이 아이를 낳아볼까
풍성한 다산의 여자들이
초록의 밀림 속에서 죄 없이 천년의 대지가 되는
포폴나로 가서
야자 잎에 돌을 얹어 둥지 하나 틀고
나도 밤마다 쑥쑥 아이를 배고
해마다 쑥쑥 아이를 낳아야지

검은 하수구를 타고
콘돔과 감별당한 태아들과
들어내 버린 자궁들이 떼 지어 떠내려가는
뒤숭숭한 도시
저마다 불길한 무기를 숨기고 흔들리는
이 거대한 노예선을 떠나
가을이 오기 전

포폴나로 갈까

맨 먼저 말구유에 빗물을 받아

오래오래 머리를 감고

젖은 머리 그대로

천년 푸르른 자연이 될까

---

* 멕시코 유카탄주 밀림 속 작은 마을 이름.

보라색 여름바지

여름 다 지나고 선선한 초가을날
바람이 숭숭 들어오는
보라색 여름바지 하나 사 들고 돌아오며
벌써 차가운 후회가 바람처럼 숭숭
뼛속으로 스미어 옴을 느낀다

왜 나는 모든 것을 저지른 후에야 아는가
만져보고 난 후에야 뜨겁다고 깨닫는가
늘 화상을 입는가
사람들이 이미 겨울을 준비할 때
여름의 잔해에 가슴을 태우고
사랑을 떠나보낸 후에야 사랑에 빠져
한 생애를 가슴 치고 사는가

내 키보다 턱없이 긴 바짓단을 줄이며
내 어리석음을 가위로 잘라내며
애써 따스한 입김을 불어넣어 본다

누구나 정해진 궤도를 가는 건 아니지
돌발과 우연이 인생이기도 해

그러나 어느 가을날 하루가
더운 사랑으로 다시 뒤집힐 수 있을까
이 보라색 바지를 위해

무릎 아래까지 흰 별들이 총총 나 있는
보라색 여름바지를 입고 서서
홀로 낙엽 지는 소리를 듣는다
숭숭 기어드는 차가운 바람 소리를 듣는다

가을 우체국

가을 우체국에서 편지를 부치다가
문득 우체부가 되고 싶다고 생각한다
시인보다 때론 우체부가 좋지
많이 걸을 수 있지
재수 좋으면 바닷가도 걸을 수 있어
은빛 자전거의 페달을 밟고 낙엽 위를 달려가
조요로운 오후를 깨우고
돌아오는 길 산자락에 서서
이마에 손을 동그랗게 얹고
지는 해를 한참 바라볼 수 있지

시인은 늘 앉아만 있기 때문에
어쩌면 조금 뚱뚱해지지

가을 우체국에서 파블로 아저씨에게
편지를 부치다가 문득 시인이 아니라
우체부가 되고 싶다고 생각한다
시가 아니라 내가 직접
크고 불룩한 가방을 메고
멀고 먼 안달루시아 남쪽

그가 살고 있는
매혹의 마을에 닿고 싶다고 생각한다

사람의 가을

나의 신은 나입니다 이 가을날
내가 가진 모든 언어로
내가 나의 신입니다
별과 별 사이
너와 나 사이 가을이 왔습니다
맨 처음 신이 가지고 온 검으로
자르고 잘라서
모든 것은 홀로 빛납니다
저 낱낱이 하나인 잎들
저 자유로이 홀로인 새들
저 잎과 저 새를
언어로 옮기는 일이
시를 쓰는 일이, 이 가을
산을 옮기는 일만큼 힘이 듭니다
저 하나로 완성입니다
새 별 꽃 잎 산 옷 밥 집 땅 피 몸 물 불 꿈 섬
그리고 너 나
이미 한 편의 시입니다
비로소 내가 나의 신입니다 이 가을날

율포의 기억

일찍이 어머니가 나를 바다에 데려간 것은
소금기 많은 푸른 물을 보여 주기 위해서가 아니었다
바다가 뿌리 뽑혀 밀려 나간 후
꿈틀거리는 검은 뻘밭 때문이었다
뻘밭에 위험을 무릅쓰고 퍼덕거리는 것들
숨 쉬고 사는 것들의 힘을 보여 주고 싶었던 거다
먹이를 건지기 위해서는
사람들은 왜 무릎을 꺾는 것일까
깊게 허리를 굽혀야만 할까
생명이 사는 곳은 왜 저토록 쓸쓸한 맨살일까
일찍이 어머니가 나를 바다에 데려간 것은
저 무위無爲한 해조음을 들려주기 위해서가 아니었다
물 위에 집을 짓는 새들과
각혈하듯 노을을 내뿜는 포구를 배경으로
성자처럼 뻘밭에 고개를 숙이고
먹이를 건지는
슬프고 경건한 손을 보여 주기 위해서였다

그 많던 여학생들은 어디로 갔는가

학창 시절 공부도 잘하고
특별 활동에도 뛰어나던 그녀
여학교를 졸업하고 대학 입시에도 무난히
합격했는데 지금은 어디로 갔는가

감자국을 끓이고 있을까
사골을 넣고 세 시간 동안 가스불 앞에서
더운 김을 쏘이며 감자국을 끓여
퇴근한 남편이 그 감자국을 15분 동안 맛있게
먹어치우는 것을 행복하게 바라보고 있을까
설거지를 끝내고 아이들 숙제를 봐주고 있을까
아니면 아직도 입사 원서를 들고
추운 거리를 헤매고 있을까
당 후보를 뽑는 체육관에서
한복을 입고 리본을 달아 주고 있을까
꽃다발 증정을 하고 있을까
다행히 취직해 큰 사무실 한편에
의자를 두고 친절하게 전화를 받고
가끔 찻잔을 나르겠지
의사 부인 교수 부인 간호원도 됐을 거야

문화 센터에서 노래를 배우고 있을지도 몰라
그리고는 남편이 귀가하기 전
허겁지겁 집으로 돌아갈지도

그 많던 여학생들은 어디로 갔을까
저 높은 빌딩의 숲, 국회의원도 장관도 의사도
교수도 사업가도 회사원도 되지 못하고
개밥의 도토리처럼 이리저리 밀쳐져서
아직도 생것으로 굴러다닐까
크고 넓은 세상에 끼지 못하고
부엌과 안방에 갇혀 있을까
그 많던 여학생들은 어디로 갔는가

몸이 큰 여자

저 넓은 보리밭을 갈아엎어
해마다 튼튼한 보리를 기르고
산돼지 같은 남자와 씨름하듯 사랑을 하여
알토란 아이를 낳아 젖을 물리는
탐스런 여자의 허리 속에 살아 있는 불
저울과 줄자의 눈금이 잴 수 있을까
참기름 비벼 맘껏 입 벌려 상추쌈을 먹는
야성의 핏줄 선명한
뱃가죽 속의 고향 노래를
젖가슴에 뽀얗게 솟아나는 젖샘을
어느 눈금으로 잴 수 있을까

몸은 원래 그 자체의 음악을 가지고 있지*
식사 때마다 밥알을 세고 양상추의 무게를 달고
그리고 규격 줄자 앞에 한 줄로 줄을 서는
도시 여자들의 몸에는 없는
비옥한 밭이랑의
왕성한 산욕과 사랑의 노래가

몸을 자신을 태우고 다니는 말로 전락시킨

상인의 술책 속에
짧은 수명의 유행 상품이 된 시대의 미인들이
둔부의 규격과 매끄러운 다리를 채찍질하며
뜻 없이 시들어가는 이 거리에
나는 한 마리 산돼지를 방목하고 싶다
몸이 큰 천연 밀림이 되고 싶다

---

* 미국의 심리학자 클라리사 P. 에스테스(Clarissa P. Estes)의 말.

키 큰 남자를 보면

키 큰 남자를 보면
가만히 팔 걸고 싶다
어린 날 오빠 팔에 매달리듯
그렇게 매달리고 싶다
나팔꽃이 되어도 좋을까
아니, 바람에 나부끼는
은사시나무에 올라가서
그의 눈썹을 만져보고 싶다
아름다운 벌레처럼 꿈틀거리는
그의 눈썹에
한 개의 잎으로 매달려
푸른 하늘을 조금씩 갉아먹고 싶다
누에처럼 긴 잠 들고 싶다
키 큰 남자를 보면

지는 꽃을 위하여

잘 가거라, 이 가을날
우리에게 더 이상 잃어버릴 게 무어람
아무것도 있고 아무것도 없다
가진 것 다 버리고 집 떠나
고승이 되었다가
고승마저 버린 사람도 있느니
가을꽃 소슬히 땅에 떨어지는
쓸쓸한 사랑쯤은 아무것도 아니다
이른 봄 파릇한 새 옷
하루하루 황금 옷으로 만들었다가
그조차도 훌훌 벗어버리고
초목들도 해탈을 하는
이 숭고한 가을날
잘 가거라, 나 떠나고
빈 들에 선 너는
그대로 한 그루 고승이구나

술

술이 나를 찾아오지 않아
오늘은 내가 그를 찾아간다

술 한번 텄다 하면 석 달 열흘
세상 곡기 다 끊어버리고
술만 술만 마시다가
검불처럼 떠나버린 아버지의 딸
오늘은 술병 속에 살고 있는 광마를 타고
악마의 노래를 훔치러 간다

그러나 네가 내 가슴에 부은 것은
술이 아니라 불이었던가
벌써 나는 활활 활화산이다
사방에 까맣게 탄 화산재를 보아라
죽어 넘어진 새와 나무들 사이로
몸서리치며 나는 질주한다

어디를 돌아봐도 혼자뿐인 날
절벽 앞에 술잔을 놓고
나는 악마의 입술에다 내 입술을 댄다

으흐흐! 세상이 이토록 쉬울 줄이야

아름다운 곳

봄이라고 해서 사실은
새로 난 것 한 가지도 없다
어딘가 깊고 먼 곳을 다녀온
모두가 낯익은 작년 것들이다

우리가 날마다 작고 슬픈 밥솥에다
쌀을 씻어 헹구고 있는 사이
보아라, 죽어서 땅에 떨어진
저 가느다란 풀잎에
푸르고 생생한 기적이 돌아왔다

창백한 고목나무에도
일제히 눈발 같은 벚꽃들이 피었다

누구의 손이 쓰다듬었을까
어디를 다녀와야 다시 봄이 될까
나도 그곳에 한번 다녀오고 싶다

유쾌한 사랑을 위하여

대장간에서 만드는 것은
칼이 아니라 불꽃이다
삶은 순전히 불꽃인지도 모르겠다
시가 어렵다고 하지만
가는 곳마다 시인이 있고
세상이 메말랐다고 하는데도
유쾌한 사랑도 의외로 많다
시는 언제나 천 도의 불에 연마된 칼이어야 할까?
사랑도 그렇게 깊은 것일까?
손톱이 빠지도록 파보았지만
나는 한 번도 그 수심을 보지 못했다
시 속에는 꽝꽝한 상처뿐이었고
사랑에도 독이 있어
한철 후면 어김없이
까맣게 시든 꽃만 거기 있었다
나도 이제 농담처럼
가볍게 사랑을 보내고 싶다
대장간에서 만드는 것은
칼이 아니라 불꽃이다

밤 이야기

내 어머니는 분명 한쪽 눈이 먼 분이셨다
어릴 적 운동회 날, 실에 매단 밤 따 먹기에 나가
알밤은 키 큰 아이들이 모두 따 가고
쭉정이 밤 한 톨 겨우 주워온 나를
이것 봐라, 알밤 주워왔다! 고 외치던 어머니는
분명 한쪽 눈이 깊숙이 먼 분이셨다
어머니의 노래는 그 이후에도
30년도 더 넘게 계속되었다
마지막 숨 거두시는 그 순간까지도
예나 지금이나 쭉정이 밤 한 톨
남의 발밑에서 겨우 주워오는
내 손목 치켜세우며
이것 봐라, 내 새끼 알밤 주워왔다! 고
사방에 대고 자랑하셨다

축구

언어가 아닌 것을
주고받으면서
이토록 치열할 수 있을까
침묵과 비명만이
극치의 힘이 되는
운동장에 가득히 쓴 눈부신 시 한 편
90분 동안
이 지상에는 오직 발이라는
이상한 동물들이 살고 있음을 보았다

치마

벌써 남자들은 그곳에
심상치 않은 것이 있음을 안다
치마 속에 확실히 무언가 있기는 있다
가만두면 사라지는 달을 감추고
뜨겁게 불어오는 회오리 같은 것
대리석 두 기둥으로 받쳐 든 신전에
어쩌면 신이 살고 있을지도 모른다
그 은밀한 곳에서 일어나는
흥망의 비밀이 궁금하여
남자들은 평생 신전 주위를 맴도는 관광객이다
굳이 아니라면 신의 후손인지도 모른다
그래서 그들은 자꾸 족보를 확인하고
후계자를 만들려고 애를 쓴다
치마 속에 확실히 무언가 있다
여자들이 감춘 바다가 있을지도 모른다
참혹하게 아름다운 갯벌이 있고
꿈꾸는 조개들이 살고 있는 바다
한번 들어가면 영원히 죽는
허무한 동굴?
놀라운 것은

그 힘은 벗었을 때 더욱 눈부시다는 것이다

머플러

내가 그녀의 어깨를 감싸고 길에 나서면
사람들은 멋있다고 말하지만
나는 그녀의 상처를 덮는 날개입니다
쓰라린 불구를 가리는 붕대입니다
물푸레나무처럼 늘 당당한 그녀에게도
간혹 아랍 여자의 차도르 같은
보호벽이 필요했던 것은 아닐까요
처음엔 보호이지만
결국엔 감옥
어쩌면 어서 벗어던져도 좋을
허울인지도 모릅니다

아닙니다, 바람 부는 날이 아니라도
내가 그녀의 어깨를 감싸고 길에 나서면
사람들은 멋있다고 말하지만
미친 황소 앞에 펄럭이는
투우사의 망토처럼
나는 세상을 향해 싸움을 거는
그녀의 깃발입니다
기억처럼 내려앉은 따스한 노을

잊지 못할 어떤 체온입니다

통행세

내가 만난 모든 장미에는
가시가 있었다
먹이를 물고 보면 거기에는 또
어김없이 낚싯바늘이 들어 있었다
안락하고 즐거운 나의 집 속에
무덤이 또한 들어 있었다
가족들과 나눠 먹은 음식 속에도
하루하루가 조용히 사라지는
두려운 사약이 섞여 있었다
사랑도 깊이 들어가 보면
짐승이 날뛰고 있었다
가시에 찔리며
낚싯바늘 입에 물고 파득거리며
내가 가는 길
그래도 나는 시 몇 편을
통행세로 바치고 싶다

물을 만드는 여자

딸아, 아무 데나 서서 오줌을 누지 마라
푸른 나무 아래 앉아서 가만가만 누어라
아름다운 네 몸속의 강물이 따스한 리듬을 타고
흙 속에 스미는 소리에 귀 기울여 보아라
그 소리에 세상의 풀들이 무성히 자라고
네가 대지의 어머니가 되어 가는 소리를

때때로 편견처럼 완강한 바위에다
오줌을 갈겨 주고 싶을 때도 있겠지만
그럴 때일수록
제의를 치르듯 조용히 치마를 걷어 올리고
보름달 탐스러운 네 하초를 대지에다 살짝 대어라
그러고는 쉬이쉬이 네 몸속의 강물이
따스한 리듬을 타고 흙 속에 스밀 때
비로소 너와 대지가 한 몸이 되는 소리를 들어보아라
푸른 생명들이 환호하는 소리를 들어보아라
내 귀한 여자야

흙

흙이 가진 것 중에
제일 부러운 것은 그의 이름이다
흙 흙 흙 하고 그를 불러보라
심장 저 깊은 곳으로부터
눈물 냄새가 차오르고
이내 두 눈이 젖어온다

흙은 생명의 태반이며
또한 귀의처인 것을 나는 모른다
다만 그를 사랑한 도공이 밤낮으로
그를 주물러서 달덩이를 낳는 것을 본 일은 있다
또한 그의 가슴에 한 줌의 씨앗을 뿌리면
철 되어 한 가마의 곡식이 돌아오는 것도 보았다
흙의 일이므로
농부는 그것을 기적이라 부르지 않고
겸허하게 농사라고 불렀다

그래도 나는 흙이 가진 것 중에
제일 부러운 것은 그의 이름이다
흙 흙 흙 하고 그를 불러보면

눈물샘 저 깊은 곳으로부터
슬프고 아름다운 목숨의 메아리가 들려온다
하늘이 우물을 파 놓고 두레박으로
자신을 퍼 올리는 소리가 들려온다

사랑 신고

사랑은 자주 불법 위에 터를 닦고
행복은 무허가 주택이기 쉽다
그러나 걱정할 필요는 없다
철거반이 오기도 전에
마치 유목민의 천막처럼
이내 빈 터만 남으니까

가끔 불법 유턴을 하여
위반과 비밀 위에 터를 닦지만
사랑을 신고할 서류는 없다
그래서 사람들은
시를 발명했는지도 모른다
오늘 밤 그런 생각을 해 본다

사람들은 진실로 어디에서 살고 있을까
문득 이 도시의 모든 평화가 위조 같다
어떤 사랑으로 한번
장렬하게 추락할 수 있을까
맹목의 힘으로 끝까지 밀고 나가볼까
사람들이 가끔

목젖을 떨며 우는 이유는 무엇일까
진정한 사랑, 진정한 고통, 진정한 희망은
어떤 서류에도 기록되지 않는다
오늘 밤 그런 생각을 해본다

나무 학교

나이에 관한 한 나무에게 배우기로 했다
해마다 어김없이 늘어가는 나이
너무 쉬운 더하기는 그만두고
나무처럼 속에다 새기기로 했다
늘 푸른 나무 사이를 걷다가
문득 가지 하나가 어깨를 건드릴 때
가을이 슬쩍 노란 손을 얹어 놓을 때
사랑한다! 는 그의 목소리가 심장에 꽂힐 때
오래된 사원 뒤뜰에서
웃어요! 하며 숲을 배경으로
순간을 새기고 있을 때
나무는 나이를 겉으로 내색하지 않고도 어른이며
아직 어려도 그대로 푸르른 희망
나이에 관한 한 나무에게 배우기로 했다
그냥 속에다 새기기로 했다
무엇보다 내년에 더욱 울창해지기로 했다

새우와의 만남

손에 쥔 칼을 슬며시 내려놓았다
그에게 선뜻 칼을 댈 수가 없었다
파리로 가는 비행기 안 기내식 속에
그는 분홍 반달로 누워 있었다
땅에서 나고 자란 내가
바다에서 나고 자란 그대와
하늘 한가운데 삼만 오천 피트
짙푸른 은하수 안에서 만난 것은
오늘이 칠월 칠석이어서가 아니다
그대의 그리움과 나의 간절함이
사람의 눈에는 잘 안 보이는
구름 같은 인연의 실들을 풀고 풀어서
드디어 이렇게 만난 것이다
나는 끝내 칼과 삼지창을 대지 못하고
내가 가진 것 중 가장 부드럽고 뜨거운
나의 입술을 그대의 알몸에 갖다 대었다
내 사랑 견우여

돌아가는 길

다가서지 마라
눈과 코는 벌써 돌아가고
마지막 흔적만 남은 석불 한 분
지금 막 완성을 꾀하고 있다
부처를 버리고
다시 돌이 되고 있다
어느 인연의 시간이
눈과 코를 새긴 후
여기는 천년 인각사 뜨락
부처의 감옥은 깊고 성스러웠다
다시 한 송이 돌로 돌아가는
자연 앞에
시간은 아무 데도 없다
부질없이 두 손 모으지 마라
완성이라는 말도
다만 저 멀리 비켜서거라

남편

아버지도 아니고 오빠도 아닌
아버지와 오빠 사이의 촌수쯤 되는 남자
내게 잠 못 이루는 연애가 생기면
제일 먼저 의논하고 물어보고 싶다가도
아차, 다 되어도 이것만은 안 되지 하고
돌아누워 버리는
세상에서 제일 가깝고 제일 먼 남자
이 무슨 원수인가 싶을 때도 있지만
지구를 다 돌아다녀도
내가 낳은 새끼들을 제일로 사랑하는 남자는
이 남자일 것 같아
다시금 오늘도 저녁을 짓는다
그러고 보니 밥을 나와 함께
가장 많이 먹은 남자
전쟁을 가장 많이 가르쳐 준 남자

조등(弔燈)이 있는 풍경

이내 조등이 걸리고
사람들이 모여들기 시작했다
아무도 울지 않았다
어머니는 80세까지 장수를 했으니까
우는 척만 했다
오랜 병석에 있었으니까
하지만 어머니가 죽었다
내 엄마, 그 눈물이
그 사람이 죽었다
저녁이 되자 더 기막힌 일이 일어났다
내가 배가 고파지는 것이었다
어머니가 죽었는데
내 위장이 밥을 부르고 있었다
누군가 갖다 준 슬픈 밥을 못 이긴 척 먹고 있을 때
고향에서 친척들이 들이닥쳤다
영정 앞에 그들은 잠시 고개를 숙인 뒤
몇십 년 만에 내 손을 잡았다
그리고 위로의 말을 건넸다
"아니, 이 사람이 막내 아닌가? 폭 늙었구려."
주저 없이 나를 구덩이 속에 처박았다

이어 더 정확한 조준으로 마지막 확인 사살을 했다
"못 알아보겠어.
꼭 돌아가신 어머니인 줄 알았네."

딸아 미안하다

: 매주 수요일 정오, 서울 안국동 일본 대사관 앞에는
흰옷 입고 종군 위안부 여성들이 모인다.

딸아, 미안하다
오늘 나는 이렇게 말해야 한다
무능한 나라의 치욕과
적국을 향한 분노로 소리 지르다 말고
나는 목젖을 떨며 깊이 울어야 한다
기실 나는 민족을 잘 모른다
그 민족의 주체가 남성인 것도 모른다
다만 오늘 네 앞에 꿇어 엎드려
울음 우는 것은
나의 외면과 나의 망각을 다시 꺼내 놓고
사죄하는 것은
네 존엄과 네 인격을 전리품으로 가져간
일본군보다 더 깊게
나의 무지와 독선이 슬프기 때문이다
심청을 팔고, 홍도를 팔고 살아난 아비와 오빠
기생과 놀며 풍류를 더하고
그녀들을 화류로 내던진 이 땅의 강물이
부끄럽기 때문이다
결국 강압과 사기로 세계에도 유례없는 성노예 집단인
적국 군대의 종군 위안부로 보내진 내 딸아

민족보다도, 그 민족의 주체인 남성의 소유물이
상처를 입은 그 어떤 수치심보다도
내 딸의 존엄과 내 딸의 인격이 전리품으로 능욕당한
그 앞에 나는 무릎 꿇어 사죄한다 진심으로
미안하다, 딸아

공항에서 쓸 편지

여보, 일 년만 나를 찾지 말아 주세요
나 지금 결혼 안식년 휴가 떠나요
그날 우리 둘이 나란히 서서
기쁠 때나 슬플 때나 함께하겠다고
혼인 서약을 한 후
여기까지 용케 잘 왔어요
사막에 오아시스가 있고
아니 오아시스가 사막을 가졌던가요
아무튼 우리는 그 안에다 잔뿌리를 내리고
가지들도 제법 무성히 키웠어요
하지만, 일 년만 나를 찾지 말아 주세요
병사에게도 휴가가 있고
노동자에게도 휴식이 있잖아요
조용한 학자들조차도
재충전을 위해 안식년을 떠나듯이
이제 내가 나에게 안식년을 줍니다
여보, 일 년만 나를 찾지 말아 주세요
내가 나를 찾아 가지고 올 테니까요

성공 시대

어떻게 하지? 나 그만 부자가 되고 말았네
대형 냉장고에 가득한 음식
옷장에 걸린 수십 벌의 상표들
사방에 행복은 흔하기도 하지
언제든 부르면 달려오는 자장면
오른발만 살짝 얹으면 굴러가는 자동차
핸들을 이리저리 돌리기만 하면
나 어디든 갈 수 있네
나 성공하고 말았네
이제 시詩만 폐업하면 불행 끝
시 대신 진주 목걸이 하나만 사서 걸면 오케이
내 가슴에 피었다 지는 노을과 신록
아침 햇살보다 맑은 눈물
도둑고양이처럼 기어오르던 고독 다 귀찮아
시 파산 선고하고
행복 벤처 시작할까
그리고 저 캄캄한 도시 속으로
폭탄같이 강렬한 차 하나 몰고
미친 듯이 질주하기만 하면

혼자 가질 수 없는 것들

가장 아름다운 것은
손으로 잡을 수 없게 만드셨다
사방에 피어나는
저 나무들과 꽃들 사이
푸르게 솟아나는 웃음 같은 것

가장 소중한 것은
혼자 가질 수 없게 만드셨다
새로 건 달력 속에 숨 쉬는 처녀들
당신의 호명을 기다리는 좋은 언어들

가장 사랑스러운 것은
저절로 솟게 만드셨다
서로를 바라보는 눈 속으로
그윽이 떠오르는 별 같은 것

사랑해야 하는 이유

우리가 서로 사랑해야 하는 이유는
세상의 강물을 나눠 마시고
세상의 채소를 나누어 먹고
똑같은 해와 달 아래
똑같은 주름을 만들고 산다는 것이라네
우리가 서로 사랑해야 하는
또 하나의 이유는
세상의 강가에서 똑같이
시간의 돌멩이를 던지며 운다는 것이라네
바람에 나뒹굴다가
서로 누군지도 모르는
나뭇잎이나 쇠똥구리 같은 것으로
똑같이 흩어지는 것이라네

먼 길

나의 신 속에 신이 있다
이 먼 길을 내가 걸어오다니
어디에도 아는 길은 없었다
그냥 신을 신고 걸어왔을 뿐

처음 걷기를 배운 날부터
지상과 나 사이에는 신이 있어
한 발자국 한 발자국 뒤뚱거리며
여기까지 왔을 뿐

새들은 얼마나 가벼운 신을 신었을까
바람이나 강물은 또 무슨 신을 신었을까

아직도 나무뿌리처럼 지혜롭고 든든하지 못한
나의 발이 살고 있는 신
이제 벗어도 될까, 강가에 앉아
저 물살 같은 자유를 배울 수는 없을까
생각해 보지만

삶이란 비상을 거부하는

가파른 계단

나 오늘 이 먼 곳에 와 비로소
두려운 이름 신이여! 를 발음해 본다

이리도 간절히 지상을 걷고 싶은
나의 신 속에 신이 살고 있다

테라스의 여자

마지막 화살을 쏘아버린 퀭한 눈을 하고
긴 손톱으로 담배를 피우는 여자
아무렇게나 풀어헤친 머리칼
주름진 입술에 붉은 술을 붓는 여자
쉬운 결혼들, 그보다 더 쉬웠던 이혼들
그러나 모든 게 좋아
가끔 외롭지만 그것도 좋아
그 많은 상처와 그 많은 고백들은
무슨 꽃이라 부르는지 몰라도 좋아
덧없는 포옹, 바람처럼 사라진 심장 소리
말하자면 통속이지만
그 아픔이 모여 인생이 되지
도깨비바늘처럼 달라붙을까 봐
날렵한 농담으로 피해 가는 뒷모습들 바라보며
혼자 어깨를 들썩이며 웃는
테라스의 여자
생전 처음 만났는데
어디선가 많이도 보았던
수많은 저 여자

4부

거대하게

떠밀리는

언어의 물거품

꽃의 선언

내가 원하는 방식대로
나의 성(性)을 사용할 것이며
국가에서 관리하거나
조상이 간섭하지 못하게 할 것이다
사상이 함부로 손을 넣지 못하게 할 것이며
누구를 계몽하거나 선전하거나
어떤 경우에도
돈으로 환산하지 못하게 할 것이다
정녕 아름답거나 착한 척도 하지 않을 것이며
도통하지 않을 것이며
그냥 내 육체를 내가 소유할 것이다
하늘 아래
시의 나라에
내가 피어 있다

"응"

햇살 가득한 대낮
지금 나하고 하고 싶어?
네가 물었을 때
꽃처럼 피어난
나의 문자
"응"

동그란 해로 너 내 위에 떠 있고
동그란 달로 나 네 아래 떠 있는
이 눈부신 언어의 체위

오직 심장으로
나란히 당도한
신의 방

너와 내가 만든
아름다운 완성

해와 달
지평선에 함께 떠 있는

땅 위에
제일 평화롭고
뜨거운 대답
"응"

동백꽃

나는 저 가혹한 확신주의자가 두렵다

가장 눈부신 순간에
스스로 목을 꺾는
동백꽃을 보라

지상의 어떤 꽃도
그의 아름다움 속에다
저토록 분명한 순간의 소멸을
함께 꽃피우지는 않았다

모든 언어를 버리고
오직 붉은 감탄사 하나로
허공에 한 획을 긋는
단호한 참수

나는 차마 발을 내딛지 못하겠다

전 존재로 내지르는
피 묻은 외마디의 시 앞에서

나는 점자를 더듬듯이
절망처럼
난해한 생의 음표를 더듬고 있다

화장을 하며

입술을 자주색으로 칠하고 나니
거울 속에 속국의 공주가 앉아 있다
내 작은 얼굴은 국제자본의 각축장
거상들이 만든 허구의 드라마가
명실공히 그 절정을 이룬다
좁은 영토에 만국기 펄럭인다

금년 가을 유행색은 섹시브라운
샤넬이 지시하는 대로 볼연지를 칠하고
예쁜 여자의 신화 속에
스스로를 가두니
이만하면 음모는 제법 완성된 셈
가끔 소스라치며
자신 속의 노예를 깨우치지만
매혹의 인공 향과 부드러운 색조가 만든
착시는 이미 저항을 잃은 지 오래다

시간을 손으로 막기 위해 육체란
이렇듯 슬픈 향을 찍어 발라야 하는 것일까
안간힘으로 에스티로더의 아이라이너로

검은 철책을 두르고
디올 한 방울을 귀밑에 살짝 뿌려 마무리한 후
드디어 외출 준비를 마친 속국의 여자는
비극 배우처럼 서서히 몸을 일으킨다

집 이야기

태어날 때부터 여자들은
몸 안에 한 채의 궁전을 가지고 태어난다
그래서 따로 지상의 집을 짓지 않는다
아시다시피 지상의 집을 짓는 것은 남자들이다
철근이나 시멘트나 벽돌을 등에 지고
한 생애의 피 흘리는
저 남자들의 집짓기, 바라보노라면
홀연 경건한 슬픔이 감도는
영원한 저 공사판의 사내들
때로 욕설과 소주병이 나뒹구는
싸움을 감내하며
그들은 분배를 위한 논리와
정당성을 만들기 위한 계략을 세우기도 하지만
우리가 사랑하는 남자들은
이내 철거되고야 말 가뭇한 막사 한 채를 위하여
피투성이 전쟁터에서 생애를 보낸다
일설에 의하면 그들은 자신들이 태어난
여자들의 궁전으로 돌아와
자주 죽음을 감수하곤 한다고도 하지만
역사는 아무리 생각해도 잘 모르겠고

그저 오묘할 뿐이다 태어날 때부터 몸 안에
궁전을 가지고 태어나는 인간의 종種이 있다니
그들이 오랫동안 박해를 받고
끝없는 외침外侵에 시달리는 것도
생각해 보면 당연한 귀결인 것 같다

그 소년

터미널에서 겨우 잡아탄 택시는 더러웠다
삼성동 가자는 말을 듣고도 기사는
쉽게 방향을 잡지 않더니
불붙은 담배를 창밖으로 휙 던지며
덤빌 듯이 거칠게 액셀을 밟았다
그리고 혼잣말처럼 욕을 하기 시작했다
삼성동에서 생선탕 집을 하다가
집세가 두 배로 올라 결국 파산하고 말았다 했다
적의뿐인 그에게 삼성동까지 목숨을 내맡긴 나는
우선 그의 사투리에 묻은 고향에다 안간힘처럼
요즘 말로 코드를 맞춰 보았다
그쪽이 고향인 사람과 사귄 적이 있다고 했다
그러고는 속으로 이 시를 시대 풍자로 끌고 갈까
그냥 서정시로 갈까 망설이는 순간
그에게서 믿을 수 없는 한 소년이 튀어나왔다
한 해 여름 가난한 시골 소년이 쳐다볼 수 없는
서울 여학생을 땡볕처럼 눈부시게 쳐다보았다고 했다
그리고 가을날 불현듯 그 여학생이 보낸
편지를 받았다고 했다 마치 기적을 손에 쥔 듯
떨려서 봉투를 쉽게 뜯지 못하고 있을 때

어디서 나타났는지 친구 녀석이 휙 낚아채서
편지를 시퍼런 강물에 던져버렸다고 했다
그는 지금도 밤이 되면 흐르는 불빛 속을 가면서
그때 그 편지가 떠내려가던 시퍼런 급류 앞에서
속으로 통곡하는 소년을 본다고 했다
어느새 당도한 삼성동에 나는 무사히 내렸다
소년의 택시는 그 자리에서 좀체 움직일 줄을 몰랐다

초대받은 시인

정치가들도 시를 좀 알아야 하지 않겠느냐며
군인 출신 대통령이 저녁 초대를 한 날
청와대 뜰로 들어가는
신분증 번호를 대다 말고
나는 그만 돌아서 버렸다

나를 시인이라고 알지 마라
나는 글창녀니라
죄 없는 아이들에게 소리 지르며
값싼 원고에 매달려 중노동으로 살아왔지만
그 순간 시인이 되고 싶었다

백악관 저녁 초대를 갔다 오면
뜰에 기르는 거위 이백 마리가 저녁을 굶을까 봐
가벼이 거절했던 북부 뉴욕의 한 작가처럼
모이를 줘야 할 거위 한 마리 내게는 없지만
대통령의 저녁 초대에 나는 못 간다고 말했다

그러나 곧 내 속에 숨은
또 하나의 얼굴이 기어 나왔다

그러고는 무슨 의연한 선비나
서툰 운동권 같은 폼을 잡는다
나 군인 대통령의 청와대 초대를 거절했노라고
은근히 그것을 선전하고
으스대고 싶어 전신이 마구 가려웠다
밤새 그 시인의 몸을
날카로운 손톱으로 긁어 주었다

내가 한 일

어머니에게 배운 말로
몇 낱의 시를 쏟아낸 일이 있습니다
하지만 그것은 결국
욕망의 다른 이름이 아니었을까요
목숨을 걸고 아이를 낳고
거두고 기른 일도 있긴 하지만
그것도 시간이 한 일일 뿐이네요
태어나서 그저 늙어 가는 일
나의 전 재산은 그것입니다
그것조차 흐르는 강의 일이나
기실 저 자연의 일부라면 그러면
나는 아무것도 아니고만 싶습니다
강물을 안으로 집어넣고
바람을 견디며
그저 두 발로 앞을 향해 걸어간 일
내가 한 일 중에
그것을 좀 쳐준다면 모를까마는

늙은 꽃

어느 땅에 늙은 꽃이 있으랴
꽃의 생애는 순간이다
아름다움이 무엇인가를 아는 종족의 자존심으로
꽃은 어떤 색으로 피든
필 때 다 써버린다
황홀한 이 규칙을 어긴 꽃은 아직 한 송이도 없다
핏속에 주름과 장수의 유전자가 없는
꽃이 말을 하지 않는다는 것은
더욱 오묘하다
분별 대신
향기라니

독수리의 시

눈알 속에 불이 담긴 맹금
나는 부리로 허공을 쪼던 독수리였는지도 몰라

나는 칼 잡은 여자!
도마 위에 날것을 얹어 놓고 수없는 상처를 내고
자르고 썰고 토막 치고 살았지
불로 끓이고 지지고 볶고 살았지

나는 한 달에 한 번 피를 보는 여자!
제 몸을 찢어 아이를 낳아 사람으로 키우지
내가 시인이 된 것은 당연한 일
다리미가 뜨거워지기를 기다리는 동안 책을 읽고*
찌개가 끓는 동안 글을 썼지
밤이 되면 남자가 아니라
허물 벗은 자신의 맨살을 만지며
김치의 숙성처럼 스스로 익어 가는 목소리를 기다렸지

나는 알고 있지
적과 동지를 구별하는 기교가 아니라
내가 나를 키우는 자궁의 시간을

그 무엇도 아닌 자신의 피로 쓰는
천년 독수리의 시 쓰는 법을

* Adrienne Rich, *Snapshots of a Daughter-in-Law*.

쓸쓸

요즘 내가 즐겨 입는 옷은 쓸쓸이네
아침에 일어나 이 옷을 입으면
소름처럼 전신을 에워싸는 삭풍의 감촉
더 깊어질 수 없을 만큼 처연한 겨울 빗소리
사방을 크게 둘러보아도 내 허리를 감싸 주는 것은
오직 이것뿐이네
우적우적 혼자 밥을 먹을 때에도
식어버린 커피를 괜히 홀짝거릴 때에도
목구멍으로 오롯이 넘어가는 쓸쓸!
손글씨로 써보네, 산이 두 개나 위로 겹쳐 있고
그 아래 구불구불 강물이 흐르는
단아한 적막강산의 구도!
길을 걸으면 마른 가지 흔들리듯 다가드는
수많은 쓸쓸을 만나네
사람들의 옷깃에 검불처럼 얹혀 있는 쓸쓸을
손으로 살며시 떼어 주기도 하네
지상에 밤이 오면 그에게 술 한잔을 권할 때도 있네
그리고 옷을 벗고 무념의 이불 속에
알몸을 넣으면
거기 기다렸다는 듯이

와락 나를 끌어안는 뜨거운 쓸쓸

지금 장미를 따라
프리다 칼로의 집에서

유명한 여자의 집은
으깨어진 골반 위에 세워진다

초겨울을 난타하는 카리브 바람 속에
음지식물처럼 소리 없이 절규하는
한 여자의 집

머리핀과 레이스 속옷
입술 자국 아직 선명한 찻잔 사이
가슴 터진 석류가 왈칵 슬픔을 쏟고 있다

이마에 박힌 호색한 남편은 신이요 악마
결혼은 푸른 꽃 만발한 고통의 신전

피 흐르는 자궁을 코르셋으로 묶어 놓고
침대에 누워
그림만 그림만 그리다가
강철같이 찬란한 그림이 된
한 여자의 집
아무것도 없었다

사랑도 광기도 혁명도
무엇으로 쓸어야 이리 없는 것인지
빈 뜰인지

시간이 있을 때 장미를 따라
지금을 즐겨라
해골들만 몸 비틀며 웃고 있었다

명봉역*

아직도 은소금 하얀 햇살 속에 서 있겠지
서울 가는 상행선 기차 앞에
차창을 두드릴 듯
나의 아버지
저녁노을 목에 감고
벚나무들 슬픔처럼 흰 꽃 터뜨리겠지

지상의 기차는 지금 막 떠나려 하겠지

아버지와 나 마지막 헤어진 간이역
눈앞에 빙판길
미리 알고
봉황새 울어 주던 그날
거기 그대로 내 어린 날
눈 시리게 서 있겠지

* 한자로 울 명(鳴) 봉황 봉(鳳), '새가 운다'는 뜻을 가진 전라남도 보성에 있는 역.

여행가방

낯선 나라 호텔 방이다
내가 들고 온 가방 하나가
유일한 나의 알리바이 나의 혈육이다
한밤중 소스라치게 그가 나를 깨운다
창밖의 빗소리 살을 저민다
걸어온 길과 걸어갈 길에 대해
끝나지 않는 바람의 무게에 대해 가만히 묻는다
혼자 싹을 틔우려는 나무처럼 가방이 꿈틀거린다
착한 짐승처럼 곁에 앉아
당신은 누구냐고
왜 자꾸 떠나야 하는 거냐고
당신이 끌고 다니는 이 폐허는
대체 무엇이냐고 묻는다
이 밤엔 그가 슬픈 노래를 만드는 시인 같다
나는 대답 대신 이빨처럼 꽝꽝한 지퍼로 물고 있는
시간 속의 모래바람을 조근조근 눌러 준다
머잖아 구겨진 빨랫감 같은 공허들을 토해 놓고
빈 가방이 되어
흐린 기억 속으로 사라질 한 시인을 바라본다

부부

부부란 여름날 멀찍이 누워 잠을 청하다가도
어둠 속에서 앵 하고 모기 소리가 들리면
순식간에 합세하여 모기를 잡는 사이이다

많이 짜진 연고를 나누어 바르는 사이이다
남편이 턱에 바르고 남은 밥풀만 한 연고를
손끝에 들고 나머지를 어디다 바를까 주저하고 있을 때
아내가 주저 없이 치마를 걷고
배꼽 부근을 내미는 사이이다
그 자리를 문지르며 이달에 사용한
신용카드와 전기세를 함께 떠올리는 사이이다

결혼은 사랑을 무화시키는 긴 과정이지만
결혼한 사랑은 사랑이 아니지만
부부란 어떤 이름으로도 잴 수 없는
백 년이 지나도 남는 암각화처럼
그것이 풍화하는 긴 과정과
그 곁에 가뭇없이 피고 지는 풀꽃 더미를
풍경으로 거느린다

나에게 남은 것이 무엇인가를 생각하다가
네가 쥐고 있는 것을 바라보며
손을 한번 쓸쓸히 쥐었다 펴 보는 사이이다

서로를 묶는 것이 거미줄인지
쇠사슬인지 알지 못하지만
부부란 서로 묶여 있는 것만은 확실하다고 느끼며
오도 가도 못한 채
죄 없는 어린 새끼들을 유정하게 바라보는
그런 사이이다

나 떠난 후에도

나 떠난 후에도 저 술들은 남아
사람들을 흥분시키고
사람들을 서서히 죽이겠지

나 떠난 후에도 사람들은 술에 취해
몸은 땅에 가장 가까이 닿고
마음은 하늘에 가장 가까이 닿아
허공 속을 몽롱하게 출렁이겠지

혀끝에 타오르는 불로
아무렇게나 사랑을 고백하고
술 깨고 난 후의 쓸쓸함으로
시를 쓰겠지

나 떠난 후에도
꿈 같은 죄와 악마들은 남아
거리를 비틀거리며
오늘 나처럼 슬프게 돌아다니겠지
누군가 또 떠나겠지

낙타초

사막에 핀 가시
낙타초를 씹는다
낙타처럼 사막을 목구녕 속으로 밀어넣고
솟구치는 침묵을 심장에다 구겨넣는다

마른 땅 물 한 모금을 찾아 천 길 뻗친 뿌리가
사투 끝에 하늘로 치솟아
허공의 극점을 찌르는
비장한 최후

뜨거운 모래를 걷는 날카로운 맨발로
어둠 속 별 떨기 같은 독침을 씹는다

새처럼 허공을 걷지 못해
제 혀에서 솟은 피
제 목에서 흐르는 선혈로 절명을 잇는
나는 사막의 시인이다

물시

나 옷 벗어요
그다음도 벗어요

가고 가고
가는 것들 아름다워서

주고 주고
주는 것들 풍요로워서

돌이킬 수 없어 아득함으로
돌아갈 수 없어 무한함으로

부르르 전율하며
흐르는 강물

나 옷 벗어요
그다음도 벗어요

늙은 창녀

이 도시는 늙은 창녀 같다
한때의 나처럼…… 좀 더 몸을 팔려고
좀 더 크게 다리를 벌리고 안간힘을 쓰고 있다
비밀 궁전을 활짝 열어 놓고 교태를 부리는
교회나 성당들도 예외는 아니다
무례한 관광객들은 입장료 몇 푼을 던진 후
신발을 신고 들어가
심지어 신들의 침전까지 기웃거린다

이 도시의 유리와 가면은
회오리같이 황홀한 시간의 껍데기이다
조악한 향수를 뿌린 뒷골목에서
불안한 눈알로 반짝이는
요즘의 나처럼…… 허황한 축제의 피에로이다
끝끝내 음산한 욕망이다

물의 시집

사랑시는 물에다 써야 한다
출렁임으로
다만 출렁임으로 완성이어야 한다

위험한 거미줄에 걸린
고통과 쾌락의 악보
사랑시 한 줄의 이슬방울들
저녁 물거품이 상륙하기 전의
꿈같은 신방

노크도 없이 문이 열리면
이윽고 썰물을 따라
가뭇없이 사라지는 물거품의 가락으로

사랑시는 물에다 써야 한다
물에서 태어나고
사라지는 물의 시집이어야 한다

해벽 海壁

눈물이 우리들 첫 숟갈의 밥이었던 것은 알지만
그것이 바다가 되어
지상을 칠 할 하고도 반이나 덮어버린 것은
아무래도 잘 모르겠다

사람의 가슴마다 물결인 것은
아무래도 잘 모르겠다

저 많은 눈물을 누가 다 흘렸을까
한껏 차오르다 기어이 무너지는 낮과 밤
밀려가고 밀려오는
미친 술병들의 바다
거대하게 떠밀리는 언어의 물거품들

어느새 다 마시고 어디로 떠났을까
아무래도 잘 모르겠다

뜨거운 소식

몇 날을 혼자다
혼자 집이다
온 세계가 나 하나로 가득하다
시간은 어디에도 보이지 않는다

창밖의 석류도 혼자 여물어 간다
다 익으면 혼자 입을 열리라
그래, 홀로 잘하거라

차를 한잔 마시려고
불 위에 물을 올린다
물이 불을 만나 와글와글 소리를 낸다

나는 물에게 말한다
뜨거워졌니?
어서 내 몸으로 들어오너라

감촉

빈방에 돌아와 옷 벗어 걸다 말고
뭉클 발에 밟히는 지렁이를 본다
길고 긴 맨살의 감촉

어떻게 올라왔을까 외딴 이 층 방까지
온몸으로 쇠창살을 넘고 넘어
급경사 대리석 계단에 피 얼룩을 묻히며
몇 번이나 비명을 떨어뜨렸을까

문턱마다 생명을 문지르며
외로움의 진물을 흘리며
찬란한 몸짓
혼신을 다한 지극한 그리움으로

전 존재를 키우려고
아니 키워서 무얼 하려고

이국 땅 외딴 이 층 방에 당도한
슬프고 뭉클한
내 감촉

떠돌이 물방울

물방울 하나에 수 세기가 들어 있네
물방울 하나에 근육이 센 팔목들이 노를 젓고 있네

그 말을 더 따라가 보면
소나기 속 길을 잃은 물방울들의 아우성이 들리네

낮고 차가운 깊이에서 태어나
두루 세상을 떠돌다가
멀고 먼 길
이윽고 성자의 눈알처럼 맑아진

물방울 하나에 하늘이
물방울 하나에 돌이 들어 있네

해신海神을 향해 가고 있네

미로

어떤 그리움이
이토록 작고 아름다운 미로를 만들었을까요

별 하나가 겨우 지나가도록
별 같은 눈빛 하나가 지나가도록

어떤 외로움이
강물과 강물 사이 꿈같은 다리를 얹어
발자국 구름처럼 흘러가도록

그 흔적 아무 데도 없이
맑은 별 유리처럼 스며들도록

가면 속 신비한 당신의 눈빛이
나만 살짝 찾을 수 있도록

어떤 사랑이
이토록 실핏줄 살아 있는 골목을 만들었을까요

길 잃어버리기

내가 서 있는 이 자리가 나의 자리인가요
탑처럼 서서 듣는 저 종소리가
나의 시인가요
종소리 속의 쇠울음, 짐승의 순간
애달픈 육체

기꺼이 길을 떠나
기꺼이 길을 잃어버린 대낮
시간이 탕약처럼 졸아든 고도孤島의 한가운데
길이 물이고 물이 길인가요

길을 잃기도 쉽지 않아
미로와 수로 사이
그냥 이 자리에 있는 것도 길*인가요

나는 외로움 부자, 자유 부자, 가난 부자
온몸으로 꽃 한 송이
눈부신 노숙

오직 허공을 머리에 인

가벼운 허영의 깃털인가요

* 지관타좌(只管打坐), 일본 조동종(曹洞宗)의 창시자 도겐(道元)의 말.

이제 됐어

이제 됐어!
도롱뇽 새끼처럼 연약한 동물로 태어나
제 발로 서서 걸을 수 있는 사람이 됐어
슬프게 기뻐
빛나는 고통이었어
위대한 빗금을 새겼어

때로 술통이 숨통이었지
하늘의 힘줄 뻗어가는 구름의 시간
미끄러운 신의 점액질처럼
푸른 이끼가 자라는 숲속의 길들
고요를 머금은 폭설 속에서도
기필코 피는 꽃을 보아버렸어
수천의 이빨을 숨기고 떠 있는 솔개들을 알아버렸어

이제 됐어!
모든 사랑은 나중에 온 사랑에 지는 법*
어디로 가야 할지 모르니까
그냥 가벼이 손을 흔들 거야

이게 사랑이 아니라면 무엇이 사랑일까
더 이상은 진정 모르겠어!

* 하랄트 바인리히, 백설자 역,《망각의 강 레테》, 문학동네, 2004.

내가 운다

내가 운다
바다 앞에 서서

나는 힘과 계산 따위를 잘 모른다
오직 눈물을 알 뿐이다

슬픔의 발원지에서 솟아나는
흐름을 알 뿐이다

너무 빨리 사랑하는 사람을 잃어버려
너무 일찍 사랑과 죽음이 동의어임을 알아버려

바다 앞에
내가 운다

혼자 흐르다
혼자 사라지는

바다를 일으켜
한없는 눈물로 나를 누설한다

미친 약속

창밖 감나무에게 변하지 말라고 할 수는 없는 일이다
풋열매가 붉고 물렁한 살덩이가 되더니
오늘은 야생조의 부리에 송두리째 내주고 있다
아낌없이 흔들리고 아낌없이 내던진다

그런데 나는 너무 무리한 약속을 하고 온 것 같다
그때 사랑에 빠져
절대 변하지 않겠다는 미친 약속을 해버렸다

감나무는 나의 시계
감나무는 제자리에서
시시각각 춤추며 시시각각 폐허에 이른다

어차피 완성이란 살아 있는 시계의 자서전이 아니다
감나무에게 변하지 말라고 할 수는 없는 일이다

바느질하는 바다

바다는 서 있고
내가 흐르고 있었나 봐

검은 씨앗을 받으려고
태양 앞에 보자기를 펼친 바다

천 번의 대결과
만 번의 패배로 늠름한
바다는 서 있고
내가 흐르고 있었나 봐

바느질하는 여자처럼 등을 구부리고
꿰매어도 꿰매어도 아물지 않는 상처를 안고
시시각각 일몰이 다가드는 시간

바늘귀보다 작은 내 사랑은
네가 꿰어 준 은빛 실을 달고
어디로 사라졌을까

바다는 서 있고

내가 흐르고 있었나 봐

살아 있다는 것은

살아 있다는 것은
파도처럼 끝없이 몸을 뒤집는 것이다
내가 나를 사랑하기 위해 몸을 뒤집을 때마다
악기처럼 리듬이 태어나는 것이다

살아 있다는 것은 암각화를 새기는 것이다
그것이 대단한 창조인 양 눈이 머는 것이다
바람에 온몸을 부딪치며
쉬지 않고 바위에게 흰 손을 내미는 것이다
할랑이는 지느러미가 되는 것이다

살아 있다는 것은
순간마다 착각의 비늘이 돋는 것이다

너는 책이다

너는 책이다, 바다여
네 한 장의 유랑
네 한 장의 은유
네 한 장의 시퍼런 성욕
너는 지금 표현의 광란*을 즐긴다

새로 태어난 물시계와 돌고래 사이
네가 발명한 불안이
난파한 해적선 속에서 녹슬고 있다

너는 책이다, 바다여
네 한 장의 취기
네 한 장의 난수표
죽는 날까지 내 앞에 펼쳐진
끝내 다 읽지 못한 한 페이지다

---

* Francis Ponge, *La Rage de l'expression*.

5부

살아 있음으로

당신을

사랑하며

토불 土佛

잘 가요 내 사랑
나는 진흙 속에 남겠어요
나무와 나뭇잎이 헤어지듯
그렇게 가벼운 이별은 없나 보아요
당신 보내고 하늘과 땅의 가시를 홀로 뽑아내요
끝까지 함께 건널 줄 알았는데
바람이 휘두르는 칼날에 그만 스러집니다
사랑이라는 이름조차 때로 집어등 集魚燈 처럼
사람을 가두고 눈멀게 하네요
나 모르는 것을 숨기고 있다가
진흙탕, 가장 깊은 진흙탕에 넘어뜨리네요
더 이상 갈 곳 없어 광활한 심연
꽃도 죄도 거기 녹이며
검은 씨앗으로 나 오래 어둡겠어요
당신이 또 다른 이름이 되어가는 동안
홀로의 등불을 홀로 끄고 켜는
작은 토불 되어 뒹굴겠어요

강

어머니가 죽자 성욕이 살아났다
불쌍한 어머니! 울다 울다
태양 아래 섰다
태어난 날부터 나를 핥던 짐승이 사라진 자리
오소소 냉기가 자리 잡았다

드디어 딸을 벗어버렸다!
고려야 조선아 누대의 여자들아, 식민지들아
죄 없이 죄 많은 수인囚人들아, 잘 가거라
신성을 넘어 독성처럼 질긴 거미줄에 얽혀
눈도 귀도 없이 늪에 사는 물귀신들아
끝없이 간섭하던 기도 속의
현모야, 양처야, 정숙아
잘 가거라. 자신을 통째로 죽인 희생을 채찍으로
우리를 제압하던 당신을 배반할 수 없어
물 밑에서 숨 쉬던 모반과 죄책감까지
브래지어 풀듯이 풀어버렸다

어머니 장례 날, 여자와 잠을 자고 해변을 걷는 사내*여

말하라. 이것이 햇살인가 허공인가
나는 허공의 자유, 먼지의 고독이다
불쌍한 어머니, 그녀가 죽자 성욕이 살아났다
나는 다시 어머니를 낳을 것이다

* 알베르 카뮈(Albert Camus)가 쓴 장편소설《이방인》의 주인공 '뫼르소'.

작가의 사랑

여성 작가 여섯이 한방에 모여
사랑의 경험을 이야기하자고 한 밤
마른 입술을 오므리며
폴란드 시인이 말했어
사랑 이야기라면 당신들은 우선
유대인을 잊어서는 안 돼! 오시비엥침!
아우슈비츠를 알기 전에 사랑을 말하는 것은
진정한 작가가 아니야
순간 모두는 입을 다물고 말았어
도박판에서 전 재산을 탕진하고 돌아온 새벽처럼
텅 빈 눈으로
나는 창밖을 바라보았어

멀리 두고 온 땅, 조국이라는 말만으로
괜히 눈물이 차올랐어
빌어먹을, 나는 진짜 시인인가 봐!

잘 알아, 하지만 작가가 언제까지
한곳에 못 박혀 있을 수는 없어
자유로운 상상력으로

인간을 더 깊이 써야 해
그리스 작가인지 터키 작가가 말했어
애절한 근친과 죄와 폭력 들
내 여권 속의 분단과 증오와 노란 리본 들
검고 흰 살과 피 으깨어진 화상의 흔적을
남미와 아프리카와 유럽과 동아시아 작가가
한방에 모여 사랑을 이야기하자고 한 밤

내가 불쑥 말했어
애국심은 팬티와 같아 누구나 입고 있지만
나 팬티 입었다고 소리치지 않아
먼저 팬티를 벗어야 해

우리는 팬티를 벗었어
하지만 나는 끝내 벗지 못한 것 같아
눈만 뜨면 팬티를 들고 흔드는 거리에서 자란
나는 하나를 벗었지만, 그 안에
센티멘털 팬티를 또 겹겹이 입고 있었지
사랑은 참 어려워
사랑은 지옥에서 온 개*

---

* Charles Bukowski, *Love Is a Dog from Hell*.

공항의 요로나

그날 벗은 옷
나 다시 입지 않았어요
황금 늑대처럼 출렁이던 달빛 침대
입술 속을 헤엄치던 당신 머리칼
아직 살아 지느러미예요
당신의 숨결로 세공한
귓속의 암각화
아직 고딕체로 살아 있어요

핏빛 술잔 이 포도주
끝내는 깨지고 말겠지만
깨지기 위해 태어난 것이 아니라고
흔들리기 위해 태어난 것이라고
말해 주세요

비행기가 곧 이륙할 시간
따스한 이 살로 언제 다시 만날까요
시간은 맹독을 품어
검은 흙이 우리의 침대가 되겠지요

내 몸은 이미 당신의 뼈와 살로 된 신전
지상에 살아 있는 한
이 신전에는 더 이상
어떤 신도 들어설 곳이 없을 거예요

겨울 호텔
상트페테르부르크에서

절뚝이며 따라온 달 속에서
밤새 늑대가 울어요
백야처럼 눈부신 무희의 맨발이
하늘도 뚫을 만큼 빛나는 시인의 이름을 불러요

신의 손으로도 만류할 수 없던
미친 사랑의 끝은
왜 고작 결혼이어야 했을까요
번쩍이다 사라지는 오로라일 뿐이었을까요

이 세상에서 죽는다는 것은 새삼스러운 일이 아니지
하지만 산다는 것 역시 더 새삼스러울 것 없는 일이지

팔목을 가르고 피로 쓴 천재의 절명 시가
차가운 무명 시트처럼 깔려 있는 겨울 호텔

아무것도 없네요
어두운 불빛 속 절뚝이며 따라온 달 속에서
늑대들이 시베리아처럼 울부짖을 뿐……

구두 수선공의 봄

어디로 간다지?
어디면 어때
송곳처럼 서 있는 자리! 발바닥이 밀고 가는 조각배!
임시정부 아닌 임시전부!
여기가 모든 혁명의 시발점이지
봄날, 왕의 행렬을 구경 나온 여자처럼 뜨갯감을 손에 들고
누군가 무엇을 뜨십니까? 물으면
더듬거리다가 여러 가지, 아니, 아무거나
예를 들어 수의*라고 대답하지
모래시계를 뒤집어 놓고
모래들이 위에서 아래로 내려오는 동안
반복 같지만 실은 새 톱니가 새 모래를 물어뜯는
반복, 무수한 익명들의 낮과 밤
온갖 냄새와 잠과 침대와
구두 수선공의 헛수고가 웅웅거리는
모래들의 신음
여기가 어디지?
어디면 어때?

* 찰스 디킨스, 성은애 역, 《두 도시 이야기》, 창비, 2014.

우리 순임이

일찍이 농촌을 떠나와
그때 막 시작된 산업화 시대의 여직공이 되어
밤낮으로 수출 공장에서 일을 했던
우리 순임이

그녀의 거북 등같이 주름진 손을
오늘 저녁 TV에서 보았다

초로의 할머니가 되어 마을 회관에서
동네 노인들과 복분자 술을 나눠 마시고 있었다
동남아 출신의 며느리가 낳은
눈이 약간 검은 손자를 자애로이 품에 안고
글로벌 시대, 뭐 그런 이름은 굳이 몰라도 좋지만
넉넉하고 따스하게 다문화 가족을 이루며
그때처럼 국제화 시대를 먼저 살고 있었다

내가 대학을 나오고
세계 문학을 기웃거리며
흰 손으로 시를 쓰는 동안

구조대장의 시

지하 700미터 탄광에 매몰된 광부들을
69일 동안 손톱이 빠지도록
모두 파낸 후
구조대장은 소리쳤다
미시온 쿰푸리다! 임무 완료!
33명의 광부들이 지상으로 살아 돌아온 순간이었다
햇살에 땀을 닦으며
병아리가 달걀을 깨고 튀어 나오는 줄탁(茁啄)! 같은
칠레 광산 구조대장의 말을
지상의 TV가 모두 생중계했다
천 길 땅속에서 알알이 귀한 시를 캐낸
구조대장의
미시온 쿰푸리다!
내 사랑! 임무 완료!
그날 지구는 그 한 편의 시로 눈부시었다

떠날 때

떠나는 순간에도
나 모르는 것투성이일까
숨 쉬고 산 것
그게 다일까
낮은 파도이고 밤은 조약돌인 것을
간신히 알까
좋아하는 것보다
부러워하는 것을 가지려고 했던 것
무엇이 되어야 한다며
머리 쥐어뜯으며 괴로워했던 순간을
굳이 어리석었다고 말하지는 않겠지만
하지만 모르는 것투성이
그것이 얼마나 희망이었는지
그것이 얼마나 첫눈 같은 신비였는지
너와 나 사이의 악기였는지를
떠날 때 그때 간신히
소스라치듯이 알기는 할까

곡시 哭詩
탄실 김명순*을 위한 진혼가

한 여자를 죽이는 일은 간단했다.
유학 중 도쿄에서 고국의 선배를 만나 데이트 중에
짐승으로 돌변한 남자가
강제로 성폭행을 한 그날 이후
여자의 모든 것은 끝이 났다.
출생부터 더러운 피를 가진 여자! 처녀 아닌 탕녀!
처절한 낙인이 찍혀 내팽개쳐졌다.
자신을 깨워, 큰 꿈을 이루려고 떠난 낯선 땅
내 나라를 식민지로 강점한 타국에서
그녀는 그때 열아홉 살이었다.
뭇 남자들이 다투어 그녀를 냉소하고 조롱했다.
그것도 부족하여 근대문학의 선봉으로
새 문예지의 출자자로 기생집을 드나들며
술과 오입의 물주였던 당대의 스타 김동인은
그녀를 모델로 《문장》지에
소설 〈김연실전〉을 연재했다.
그녀에게 돌이킬 수 없는 사회적 성폭력,
비열한 제2의 확인사살이었다.
이성의 눈을 감은 채, 사내라는 우월감으로
근대 식민지 문단의 남류男流들은 죄의식 없이

한 여성을 능멸하고 따돌렸다.
창조, 개벽, 매일신보, 문장, 별건곤, 삼천리, 신여성,
신태양, 폐허, 조광**의 필진으로
잔인한 펜을 휘둘러 지면을 채웠다.
염상섭도, 나카니시 이노스케라는 일본 작가도 합세했다.
그리고 해방이 되자 그들은 책마다 교과서마다
선구와 개척의 자리를 선점했다.
인간의 시선은커녕 편협의 눈 하나 교정하지 못한 채
평론가 팔봉 김기진이 되었고
교과서 편수관, 목사 소설가 늘봄 전영택이 되었고
어린이 인권을 앞세운 색동회의 소파 방정환이 되었다.
김동인은 가장 큰 활자로 문학사 한가운데 앉았다.
처음 그녀를 불러내어 데이트 강간을 한
일본 육군 소위 이응준은
애국지사의 딸과 결혼하여 친일의 흔적까지 무마하고
대한민국 국방 경비대 창설로, 초대 육군 참모총장으로
훈장과 함께 지금 국립묘지에 안장되어 있다.
탄실 김명순은 피투성이 알몸으로 사라졌다.
한국 여성 최초의 소설가, 처음으로 시집을 낸 여성 시인,
평론가, 기자, 5개 국어를 구사한 번역가는

일본 뒷골목에서 매를 맞으며 땅콩과 치약을 팔아 연명하다
해방된 조국을 멀리 두고 정신병원에서 홀로 죽었다.
소설 25편, 시 111편, 수필 20편, 희곡, 평론 170여 편에
보들레르, 에드거 앨런 포를 처음 이 땅에 번역 소개한
그녀는 처참히 발가벗겨진 몸으로 매장되었다.
꿈 많고 재능 많은 그녀의 육체는 성폭행으로
그녀의 작품은 편견과 모욕의 스캔들로 유폐되었다.
이제, 이 땅이 모진 식민지를 벗어난 지도 70여 년
아직도 여자라는 식민지에는
비명과 피눈물 멈추지 않는다.
조선아, 이 사나운 곳아, 이담에 나 같은 사람이 나더라도
할 수만 있는 대로 또 학대해 보아라.
피로 절규한 그녀의 유언은 오늘도 뉴스에서 튀어나온다.
탄실 김명순! 그녀 떠난 지 얼마인가.
이 땅아! 짐승의 폭력, 미개한 편견과 관습 여전한
이 부끄럽고 사나운 땅아!

---

* 1917년 단편소설 〈의심의 소녀〉가 춘원 이광수의 추천을 받아 등단했다. 문학가로서 다방면으로 활발히 활동했으나, 신여성이자 페미니스트라는 이유로 남성 문인들에게 핍박받고 문단에서 유폐되었다.
** 김명순을 소재로 한 냉소와 멸시의 글이 실린 잡지들.

거위

나는 더 이상 기대할 게 없는 배우인 것 같다
분장만 능하고 연기는 그대로인 채
수렁으로 천천히 가라앉고 있다

오늘 텔레비전에 나온 나를 보고
왝왝 거위처럼 울 뻔했다

내 몸 곳곳에 억압처럼 꿰맨 자국
뱀 같은 욕망과 흉터가
무의식의 주름 사이로
싸구려 화장품처럼 떠밀리고 있었다

구멍 난 신발 속으로 스며들어 오는
차갑고 더러운 물을 숨기며
시멘트 숲속을 배회하고 있었다

나는 나에게 다 들켜버렸다
빈틈과 굴절 사이
순간순간 태어나는 고요하고 돌연한 보석은
사라진 지 오래,

기교만 무성한 깃털로
상처만 과장하고 있었다

오직 황금알을 낳기 위해
녹슨 철사처럼 가는 다리로 뒤뚱거리는
나는 과식한 거위였다

당신을 사랑하는 일

오늘 저녁은
지금까지의 저녁이 아니다
놀랍지 않은가
이 낭떠러지에서
당신을 사랑하는 일

나침반도 없이 내리꽂히는
그까짓 두려움
그까짓 불안
죄의식과 허위와 허위의 아름다움과
슬픈 쇠사슬의 겸허로

뜨겁고 단순하게
절박하게
온몸이 떨리는 살아 있음으로
당신을 사랑하는 일

태어날 때 이미 내 손에 도착한
선물이
꽃잎의 시간이

무수한 축복의 뿌리를 달고 있음을
이제야 본다는 것
놀랍지 않은가

나의 옷

나는 어느 계절에도
어정쩡한 옷을 입고 있었다
우울도 외로움도 어색하고
퇴폐도 부끄럽기만 했다
비판이나 대결 의지도 없이
늘 후줄근한 구김살이었다

혹은 현실은 자주 결빙의 독재로 미끄러워
나의 옷은 저항보다 비겁의 두께를 껴입었다
다량多量과 상투常套를 간신히 벗어났지만
발 딛고 서 있는 여기를
언어로 투시할 힘이 없었다

서정의 얇은 머플러로 어깨를 덮고
때로 시인처럼 리듬을 탔지만
상처를 교묘히 숨기고
긴 그림자를 갖고 있었지만

나의 옷은 허사虛辭로 쉬이 낡아 갔다
오직 나만의 슬픔과 기쁨으로 짠 피륙은 없을까

나의 시詩옷은

수의囚衣와 수의壽衣를 속에 껴입고도

언제나 홀랑 추운 알몸일까

나의 도서관

책마다 페이지마다
광활한 폐허
이 도서관에 들어서려면
방문객은
자칫 길을 잃기 쉽다

남자보다 작고 아이보다 큰
여자 도서관이라고?

실은 아버지도 스승도 없고
심지어 연인도 없다
딸도 아니고 아내도 아니다

비와 안개
돌기한 산봉우리를 넘어
홀로 만든
나의 도서관
만 권의 비명과 독백
만 권의 사랑이 담긴 산맥이다

물방울로 산맥을 만든
발원지
길고 긴 강물에 지은
궁전 이야기가 있다

비누

명성은 매끄러운 비누와 같아
움켜쥐려 할수록 덧없이 사라진다

오늘 한 시인이
시 한 편을 써서 얻은 이름으로
비누를 사러 갔다

그는 자꾸 향내를 맡아 보다가
첫사랑처럼 애틋하고
마지막 사랑처럼 절박한 향을 골랐다

실은 그 향은 한물간 향이다
봄꽃을 닮아 자유로이 입술을 팔랑이는 척하다가
어딘지도 모르는 곳으로
가벼이 사라지는
흔한 거품 냄새였다

비누는 원래 할 말이 많은 돌이었다*
돌로 여기저기를 꽉꽉 문지르다가
거품을 주무르다가

물에 녹아 하수구로 사라지는 것이다
세척의 역할 따위를 생각할 겨를조차 없다

명성은 매끄러운 비누의 모습으로
모래 위를 돌처럼 바다거북처럼 굴러다니다가
가뭇없이 바닷물에 쓸려간다

* 프랑시스 퐁주, 이춘우 역, 《비누》, 인다, 2021.

나는 내 앞에 앉았다

문이 열리고 네가 들어왔다
어제 떠난 것처럼
너는 내 앞에 앉았다

스무 번의 봄날을 지나
아니, 서른 번의 겨울을 지나
나는 내 앞에 앉았다
너는 한 번도 떠난 적이 없으니
늘 함께 숨 쉬었으니
나에게서 걸어 나와
다시 내 앞에 앉은 것이다

시간 속에
쫓기며 쫓기며
너는 늘 나에게 속삭였다

네가 변하기 전에
내가 변하면 어쩌지

지금 네가 내 앞에 앉아 있다

나 너를 보낸 적도 없고
너 나를 잊은 적도 없다
아무것도 변한 것이 없는데
무엇일까
이 안개
비애라고?
생각보다 무게가 나가는군

문이 열리고 네가 들어왔다
나는 내 앞에 앉았다

망한 사랑 노래

요즘 내겐 슬픔이 없어
무엇으로 사랑을 하고 시를 쓰지?
슬픔? 그 귀한 것이 남아 있을 리 없지
창가에 걸어 두고 흐린 달처럼
조금씩 흐느끼며 살려고 했는데
슬픔이 더 이상 나를 안아 주질 않아
멍할 뿐이야
행복도 불행도 아니야
서양 사람처럼 어깨를 으쓱 들었다 놓아
말하자면 폭망한 것 같아
슬픔은 안개 속에 서걱거리는 강철
그것으로 50년이나 시를 썼으니
내가 나를 뜯어 먹었으니
당연히 망하지
가시도 뼈도 없어
상처도 딱지 진 지 오래
베레부렀어
손에는 허망을 쥐려다가 찔린
핏방울…… 오오…… 향기롭고 독한
그 이상은 나도 몰라

내가 본 것이 본 것이야
슬픔? 나를 두고 어디로 갔지?
아니, 슬픔이 뭐야
시? 망한 사랑 노래야

탱고의 시
부에노스아이레스의 기억

유랑의 악보 속에

맨다리 숨기고

붉은 죄 휘감고 치솟다가

풀고

풀어 주고

다시 뜨거이 휘감는다

당신 입술 과일도 아닌데

파먹고 싶어

가쁜 숨결

맨발로

소나기 비통하게 땅을 두드리는 밤

당신은 탱고

슬픈 새의 춤

집시의 피가 속삭인다

당신은 카스카벨*

은방울 심장을 통통 두드린다

* cascabel. 스페인어로 '방울', '맑고 쾌활한 사람'.

나 잘 있니

그해 겨울 네가 가지고 간
나
잘 있니?
처음 만나 하얗게 웃던 치아들
바람 속에 빛나던
벌거숭이 나무들
온몸으로 휘달리는 눈펄 속에
지금도 기다리고 있니
깊은 계곡을 배회하는 산짐승 소리로
찾아 헤맸지만
무슨 새가 와서 쪼아 먹어
빗살무늬토기처럼 상처만 무성한 나
어디까지 데리고 갔니
처음 그날부터 지금까지
어떤 옷도 걸치지 않아
늘 추운 나
네가 가진 나는 누구였니?
어느 의자에 앉아 건너 숲을 보고 있니?
깊은 눈망울 속에서 나 어떻게 사라져 가니?

보고 싶은 사람

아흔세 살 노모가 자리에 누운 지
사흘째 되는 날
가족들 서둘러 모였다

어머니! 지금 누가 젤 보고 싶으세요?
저희가 불러올게요
아들이 먹먹한 목청으로 물었다
노모의 입술이
잠에서 깬 누에처럼
잠시 꿈틀했다

엄마!
아흔세 살 아이가
해 떨어지는 골목에서
멀리 간 엄마를 찾고 있었다

이 길이 선물이 아니라면

이 길이 선물이 아니라면
햇살마다 눈부신 리본이 달려 있겠는가
아침저녁 해무가 젖은 눈빛으로 걸어오겠는가
이 길이 선물이 아니라면
고요가 풀잎마다 맺히고
벌레들이 저희끼리 통하는 말로
흙더미를 들추어 풍요하게 먹고 자라겠는가
길섶마다 돌들이
무슨 말이든 하고 싶어
바람을 따라 일어서겠는가
발뒤꿈치를 들어
나는 그저 어린 날 배운 노래를 흥얼거리며
걸어보는 길
산꼭대기까지 올라간 눈이
여름이 되어도 내려올 생각 없이
까치처럼 흰 눈을 머리에 쓴 채
그윽한 눈으로 내려다보는 이 길
설산으로 향한
이 길이 선물이 아니라면

도착

이름도 무엇도 없는 역에 도착했어
되는 일보다 안 되는 일 더 많았지만

아무것도 아니면 어때
지는 것도 괜찮아
지는 법을 알았잖아
슬픈 것도 아름다워
내던지는 것도 그윽해

하늘이 보내 준 순간의 열매들
아무렇게나 매달린 이파리들의 자유
벌레 먹어
땅에 나뒹구는 떫고 이지러진
이대로
눈물 나게 좋아
이름도 무엇도 없는 역
여기 도착했어

6부
에세이

아름다운

미완을

향해서

책탑을 쌓으며

나만의 방 하나를 갖는 것이 오랜 내 소망 중 하나였다. 나날이 가격이 치솟는다는 집을 원하는 것도 아니건만, 그 소망은 쉽게 이루어지지 않았다. 안방은 있었지만 독방이 없어 늘 허전한 마음이었다. 텔레비전이 있고 한쪽에는 세금 고지서가 놓여 있으며 화장거울 따위가 걸린 안방에서 나는 시를 쓸 수가 없었다. 시는커녕 생활이 전신에 묻어 있어 그만 삶 속에 잠겨버릴 것만 같았다. 나만의 방을 갖게 된다면! 밤마다 축복처럼 시를 쏟아 놓는 진짜 시인이 될 것만 같았다. 그러다가 드디어 방 하나를 갖게 되었다. 아파트로 집을 옮기면서 마루 옆에 딸린 엉거주춤한 방을 차지하게 되었다. 그 방을 갖게 된 것은 무엇보다도 그동안 적지 않게 불어난 책 때문이었다. 더 이상 여기저기 분산해서 책을 꽂을 수 없었다.

서재라고 부르기엔 아주 작지만 아무튼 사방에 책을 가득 꽂아 놓고 혼자 원고도 쓰고 음악도 들으면서 맘껏 부스럭거릴 수 있는 독방을 갖게 되었다. 더구나 그 방에는 한강이 훤히 보이는 창이 있었다. 창밖으로 자동차가 다니는 소리가 조금 소란스럽긴 했지만, 그 소음도 한강 위에 내려앉은 저녁노을과 하늘을 가르며 비행하는 철새, 추상처럼 아름다운 구름을 어쩌지는 못했다.

그 방에 처음 책을 들여놓던 날, 그러니까 아파트로 이사한 첫날 밤, 나는 전신이 물에 젖은 솜처럼 노곤했지만 오래도록 잠들지 못했다. 무더기, 또 무더기…… 아무렇게나 쌓아올린 책 더미 속에 누운 채 여드름이 솟기 시작한 사춘기 어느 밤처럼 괜히 가슴이 부풀어서 어쩔 줄 몰랐다.

이 방에서 이제부터 진실로 스스로에게 부끄럽지 않은 좋은 글을 써야지. 무엇보다 내 눈을 투명하게 밝혀 줄 좋은 책을 많이 읽어야지. 그러고 보니 언제부터 읽어야지 벼르기만 하고 그대로 잠재워 둔 책이 너무 많은 것 같았다. 읽지 않고 쌓아 둔 책은 종이더미와 무엇이 다르랴. 나는 책 더미에 누운 채로 머리맡에서 손 닿는 대로 아무렇게나 책을 집어들고 읽는 재미에 몰두해 갔다.

> 탄식도 일종의 진술
> 그런가 하면 일종의 경청
> 혹은 일종의 고함
> 혹은 일종의 울음
> 허나 탄식은 늘상 일종의 경청
> 누군가의 말을 듣는 것이거늘

에른스트 얀들의 〈탄식〉이라는 시였다. 재미있었다. 마치 송편

속 깨를 씹는 듯 전신의 피로가 싹 가시는 것 같았다. 아무렇게나 다른 책 한 권을 뽑아 들었다. 이번엔 《아함경阿含經 이야기》였다. 아함경은 일찍이 부처가 무엇을 설파했으며 어떻게 말했던가를 그대로 알 수 있는 불교의 근본 성전이다. 나는 잠시 아함경의 세계에 빠져들다가 이내 또 다른 책들을 순례했다.

그날 나는 먼지투성이 책 더미 속에서 꼬박 밤을 새웠다. 참으로 길고 행복한 밤의 여로였다. 나는 서재를 책 더미 상태 그대로 두기로 했다. 사방으로 책꽂이를 세우고 책을 대충 골라서 꽂고 보니, 방이 워낙 작은 데다가 책꽂이가 터무니없이 부족해서 책을 반밖에 꽂을 수 없었다. 그래서 책을 사방으로 빙 둘러 쌓고 한가운데 책상을 가져다 놓았다. 어린 시절 마른 풀숲에 들어앉아 소꿉놀이를 했을 때처럼, 그곳은 너무도 아늑하고 재미난 공간으로 재탄생했다.

책이란 꼭 도서관처럼 잘 분류되어 질서 있게 꽂혀야만 하는 것일까. 물론 그렇게 정리되어 있으면 찾을 때 손쉽게 빼낼 수 있어 편리하고 시간도 절약할 수 있으며, 또 사방의 질서를 개운하게 할 수 있어 좋을 것이다. 하지만 의외로 이러한 책 더미 속 공간도 글쓰기에 좋은 분위기를 자아내어 스스로도 놀랄 지경이었다.

나는 그렇게 책 더미 속에서 살기로 결정했다. 톨스토이는 성경을 읽을 때 읽고 싶은 곳을 찾아 읽지 않고 바람이 펼쳐 주는 페이지부터 읽었다지 않는가. 그것과는 좀 다른 얘기일지 모르지만 책을 인위적으로 분류하지 않고 자연에 맡겨서 가고 싶은 데로 흘러가게 하고, 그것들을 따라다니는 것도 재미있는 일이었다. 실제로

아름다운 미완을 향해서 283

그렇게 따라다니다가 의외의 것을 만날 때도 많았다. 책 한 권을 찾기 위해 여기저기 들쑤시다가 우연히 발견한 보석 같은 책들은 나의 눈을 반짝 뜨이게 해 주었다.

 이 자유로운 책 더미 서재는 방문객에게 언제나 흥미와 난색을 동시에 가져다주곤 했다. 어떤 이는 이 방 주인의 게으름에 우선 놀라버렸고, 또 어떤 이는 책장에 미처 꽂히지 못하고 마치 마이산 돌탑처럼 무더기로 쌓인 책들 속에 살고 있는 방 주인을 몹시 부러워하기도 했다. 오랫동안 독방을 갖고 싶었던 소망은 마침내 이런 모습으로 이루어졌다. 자유분방한 책탑 사이로 보이는 한강 변의 은빛 철새들의 모습이 유난히 한가로워 보인다.

오직 사랑하는 사람만
살아남는다

인간이란 존재는 대체 무엇일까. 또, 산다는 것은 무엇을 뜻하는가. 모든 삶은 필연적으로 우수의 표정 위에 놓여 있다. '인간은 슬프려고 태어났다'는 말은 삶을 염세적으로 바라본 부정적 경구가 아니라, 삶의 본질을 꿰뚫고 용기 있게 받아들이려는 감탄에 가깝다. 우리의 짧은 생은 내내 스스로를 지탱하며 고통과 우울을 따라 흘러간다. 우리는 그 고통의 힘과 우울이라는 끈질긴 집착으로 삶을 살아내야 한다.

독일 시인 헤르더의 시집 《우수의 어린이》를 보면 인간의 어머니는 여신 쿠라였다고 한다. 그 이름에서 알 수 있듯이 쿠라는 우수와 걱정의 여신이었다. 쿠라는 어느 날 냇가에 앉아 진흙으로 인간의 형상을 빚고 있었는데 신의 왕인 주피터가 등장하여 쿠라가 빚은 인간의 형상에 생명을 불어넣고 자기 것이라 우겼다. 조금 후에는 대지의 신 텔루스까지 나타나 흙은 대지에서 비롯되었으므로 자기 것이라 주장했다. 한참 서로가 다투고 있을 때, 드디어 심판관 사투른이 등장했다. 사투른은 이렇게 선언했다.

"생명을 준 주피터는 그것이 죽은 후에 영혼, 생명을 거두어 가라. 대지의 신 텔루스는 죽은 후에 해골을 가져가라. 아기 엄마인 쿠라는 목숨이 있는 한 아기를 맡긴다. 그러나 이 아기는 목숨이 있는 한 너를 닮아 시름에 잠겨 지내리라." 쿠라가 빚은 흙humus으로 된 그 형상은 바로 이때부터 인간human으로 불린 것이다. 살아 있을 때는 끝없이 우수에 잠기고, 사후에는 신에 속하는 피조물이 바로 인간이다. 인간이 그 생명의 뿌리를 고통 속에 내리고 있는 것은 부인할 수 없는 근원적 본질이다. 진주의 고귀함이 상처에서 비롯되듯이 인간은 그 고통과 우울을 고귀함으로 빛내고 감싸안아야 한다.

고통과 우울을 사랑하는 일이 괴롭고 슬프지만은 않다. 걱정과 우수의 신 쿠라를 어머니로 여기고 대지에서 나서 대지로 돌아가야 할 우리 인간에게는 바로 사랑이라는 무기가 있기 때문이다. 지상에 머무는 시간을 사랑하고, 삶을 사랑하고, 생명의 시간을 살며 마주하는 다른 존재들을 한없이 사랑하는 일. 그것은 어떤 신도 흉내 낼 수 없는 인간만의 축복이다.

인간은 본래 나약하기 짝이 없는 가엾은 존재이며, 삶은 근원적으로 우수의 표정 위에 떠 있는 숙명을 안고 있다. 이런 사실에 대한 자각은 무한한 사랑의 이유가 된다.

"사랑해, 그대를 사랑해."

마치 낭만주의 시대의 시구와도 같은 이 말은 인간이 아니면 감히 그 누구도 발음할 수 없는 최고의 노래요, 천부의 숨결이다. 사랑 앞에서는 신의 위엄도 무색해지며, 사소한 고통이나 우울도 스러지고 만다.

목숨을 안고 사는 동안 진실로 가장 강한 무기는 바로 사랑이다. 인간의 삶에는 겉으로만 번쩍이는 명예도 있고, 누추한 일을 슬쩍 덮을 수 있는 돈도 있으며, 날카로운 칼을 닮은 권력도 있다. 그러나 이 모든 것은 진실로 인간의 우수나 고통을 위무하고 치유하기는커녕, 어쩌면 슬픔과 아픔을 더욱 깊어지게 만들 수도 있다.

하지만 사랑은 다르다. 사랑은 가장 부드럽고 눈에 보이지 않는 향기와 같다. 사랑을 하는 데 특별한 힘이 필요한 것도 아니다. 그래서 숫자에 익숙하고 명확히 눈에 보이는 것만을 믿고 신봉하는 데 길들여진 이들에게는 어딘가 막연하게 느껴질 수도 있다.

그럼에도 사랑의 힘이 그토록 무한하다는 것은 무슨 의미일까. 때로는 폭력적인 제도를 향해 당당히 "아니오!"를 외치게 하고, 철통같이 굳건한 국경의 장벽마저 가벼이 쓰러뜨리는 사랑의 힘은 대체 어디서 나오는 것일까? 심지어 어떤 시인은 신에게 대결을 청할 수 있는 힘도 바로 사랑에서 나온다고 노래했다.

인간의 모든 삶이 우수와 고통 위에 닻을 드리우면서도 고귀하게 빛날 수 있는 것은 바로 사랑 덕택이다. 고통은 삶의 윤활유이며, 우수는 삶의 향기와 같다. 고통으로 단련된 시간은 보석처럼 견고하게 빛난다. 그 모든 시련을 헤치고 샘솟는 사랑은 우리의 목숨을 꽃처럼 향기롭고 아름답게 만드는 힘이다.

사랑하는 사람은 어떠한 삶 속에서도 살아남을 수 있다.

여자의 시 쓰기는
신과의 입맞춤

"절대로 가격을 흥정할 수 없는 것이 하나 있다…… 삶." 내가 좋아하는 헝가리 작가의 말이다. 그는 또 이렇게 이야기했다.

"원고에 바싹 몸을 숙이고서 소설과 감상적인 단상에 사랑의 야심과 여성적 공명심, 복수심과 절망을 불어넣는 그 여성 작가를 카페에서 볼 때마다, 나는 그녀의 작은 손에서 살며시 다정하게 펜을 가로채며 말하고 싶다. 친애하는 부인, 부디 펜을 아주 신중히 사용하십시오. 이것은 위험한 도구이며 사실 여성에게는 적합하지 않습니다. 언젠가는 작고 연약한 손가락을 베일 수도 있습니다."

그의 이름은 산도르 마라이. 1930년대 헝가리에서 활동하다 독재와 검열에 환멸을 느끼고 고국을 떠나 40년간 해외를 떠돈 작가이다. 만약 최근에 이런 말을 했다면 여성 작가들이 분노하며 벌 떼처럼 일어났을 것이다. 펜은 여성에게는 위험하며 적합하지 않은 도구라는 그의 마초적인 충고에는 절대로 동의할 수 없다. 그러나 그의 충고를 다른 관점에서 되짚어 볼 필요는 있다.

감상적 단상, 사랑의 야심과 헛된 공명심, 복수심과 절망은 글을 쓸 때 쉽게 달라붙는 요소들이다. 그래서 작가들은 늘 경계하며 쓰게 된다. 하지만 이는 비단 여성 작가에게만 찾아오는 위험이 아니다. 그래서 나는 언제나처럼 이렇게 말하고 싶을 뿐이다.

"나는 쓴다, 고로 나는 존재한다."

글을 쓴다는 것! 그것은 나의 삶이요, 존재이다. 글쓰기를 특정 성별의 일로 한정하여 생각해서는 안 된다는 말로 이 글을 시작했다. 그럼에도 몇 해 전에 나는 〈여자가 시를 쓰는 것은〉이란 시를 발표한 적이 있다. 여성에게 창조란 천분이자 천형임을 노래하는 시였다. 지극히 당연하고 자연스러운 일을 편견과 제도로 억압하고 배제해 온 역사에 대한 폭로이자 고발이기도 했다. 그 누구에게든 창조 행위로서 글을 쓰는 일은 두렵고도 외로운 일이 아닐까.

더구나 시란 무엇인가. 이 광포한 속도와 물량가치의 시대에 시란 과연 무엇이어야 하는 것인가? 나는 생각한다. 시는 인간의 외로움을 양분 삼아 태어나고 또 태어날 것이다.

영어의 섹스sex는 '구별된 것'이라는 뜻의 라틴어 섹스툼sextum에서 유래했다. 여기서 구별은 남녀의 신체적 차이와 생물학적인 차이만을 의미하는 것이 아니라, 남녀의 본질적·창조적 특성도 포괄하여 말한다. 결코 종속적인 개념이 아닌 것이다.

여시인으로 사는 것은
몸 없이 섹스를 파는 것인지도 몰라

아무리 깊고 아름다운 시를 써도

사람들은 시보다는

시 속에서 그녀만을 좀 맛보려 하지

문예지에 발표했던 〈여시인〉이란 시다. 시를 발표한 후《나는 문이다》와《다산의 처녀》등 두 권의 시집을 펴냈지만 이 시는 수록하지 않았다. 시집에 실었다가는 신문이나 매체들이 이 작품만을 주목하고 인용할 것 같았기 때문이었다. 그런 의미에서 나는 여전히 여성 시인으로서 사회적 편견과 관습으로부터 자유롭지 못했다. 문학 자체가 아니라 다른 것을 화제 삼기를 거절하고 싶었다.

＊＊＊

조선 시대 기녀 시인들의 작품은 문학적으로 빼어남에도 오랫동안 본격적인 문학사나 문학 연구 대상에서 배제되어 왔다. 기생이 뛰어난 기술과 감각을 가진 예술가 여성이었음에도 편견과 차별은 두텁기만 했다. 이는 여자로서 시 쓰기가 얼마나 많은 관습과의 싸움을 감수해 왔는지를 깨닫게 한다. 그들의 작품은 최근까지도 여성 혹은 기생이라는 굴레 안에서 유보 조항과 함께 다루어졌다.

나는《여류시가시조》를 편저한 적이 있다. 고조선 시기의 〈공무도하가〉부터 백제의 유일한 현전 가요 〈정읍사〉와 조선 기생들의 시편들까지 한데 모은 시집이었다. 그 후에 다시 내가 엮고 해설한 책이《기생시집》이다.《기생시집》을 엮으며, 당대 기생들의 빼어난 작품들을 한국문학사 속으로 당당히 불러들이는 일에 가장 중점을 두었다. 우선 작품들의 진위 문제가 크게 부각되었다. 여성에게 글을 가르치지 않았던 시대라 술자리에서 즉흥으로 읊었던 시들의 상당수가 중국의 한시를 패러디한 차작借作이었다. 또한 조선 사회의 전통과 신분의 한계 때문에 세습적인 성노예로서의 분노나 개혁의지는커녕 주연 석상에서 문재文才를 발휘하면 그것을 칭찬하는 남성 권력자들에 휩싸여 그들의 옹호와 사랑에 취하고 말았던 것도 문제로 지적하지 않을 수 없다.

그렇지만 시집을 엮는 과정에서 조선의 기생들이 빼어난 작품을 다수 창작하였음을 확인할 수 있었다. 그 작품들을 출신이나 성별의 문제 때문에 당당히 문학 작품으로 대접하지 않는다거나 연구 대상에서 제외한다면 피해를 보는 것은 한국의 문학사가 아닐까. 그런 의미에서《기생시집》을 엮는 작업은 큰 의미가 있었다고 생각한다.

이탈리아 베네치아에서 한국문학에 나타난 물의 이미지에 대하여 특강을 할 때, 황진이의 시를 소개하며 영국의 문호 셰익스피어와 동시대를 살았던 여성 시인이라고 했었다. 그 순간 잠시 목이 메었던 것을 지금도 기억한다. 황진이는 생몰연대를 정확하게 알 수 없지만 16세기 중종中宗조 사람이라는 기록이 남아 있다. 그리고 허난설헌(1563~1589)은 셰익스피어(1564~1616)와 정확히 같은 시대를 산 기록이 남아 있다. 하지만 후대 사람들이 셰익스피어의 생애와 황진이나 허난설헌의 생애를 각각 어떻게 다루어 왔는지 비교하면 한숨이 절로 나오곤 한다.

* * *

황진이를 비롯해 매창, 홍랑 등 조선 시대 여성 시인들의 시는 그 시대 선비 묵객이 쓴 4,000여 수의 시조와 견주어도 단연 문학적으로 빼어난 가편佳篇들이다. 특히 황진이의 경우 규범과 타성을 벗어나 주체적인 삶을 구가했던 자유로운 예술혼이 돋보이니 그녀가 획득한 시적 성과는 어떤 칭송을 해 주어도 아깝지 않다.

그녀는 한시뿐 아니라 가무에도 뛰어나 많은 일화를 남겼지만 생애에 대한 자세한 기록은 대부분 후세에 창작된 것이라고도 한다. 우리가 흔히 알고 있는 그녀의 스토리는 영화나 텔레비전 드라마에서 극적 구성을 더하여 재창조한 것이 많다. 게다가 더욱 아쉬운 점은 소설이나 영화에 나오는 황진이는 시인이라기보다는 기생이라는 성적 존재로서 더 많이 다루어진다는 것이다.

그녀의 천부적인 가락과 비유법의 구사는 단연 돋보이고, 그만한 작품을 쓰기 위해서는 많은 습작과 퇴고가 있었을 것이다. 독서력 또한 깊다는 것을 충분히 짐작할 수 있다. 그럼에도 영화나 드라마는 시인 황진이의 모습보다는 기생 황진이만 크게 부각시키고 있다. 영화나 드라마에서 그녀에게 있어 시작 행위는 그녀의 기생으로서의 풍류나 성적 매력을 돋보이게 해주는 훌륭한 장신구일 뿐이다. 그녀는 당시 선전관이었던 명창 이사종과 6년간 계약 결혼 생활을 하였는데, 이는 프랑스의 사르트르와 보부아르의 계약 결혼보다 4~5세기 앞선 것이다. 여성에게 특히 혹독했던 조선 시대, 황진이를 비롯한 여성 시인들은 '기생'이라는 인간으로서의 비극과 그로 인한 슬픔과 애절함으로 시를 쓸 수 있었던 시인으로서의 축복을 동시에 지닌 존재였다.

"독서와 강의는 장부의 일이니 부인이 이를 힘쓰면 폐해가 무궁하리라."(《성호사설》)는 말, "부녀자가 함부로 시사를 지어 외간에 퍼뜨림은 불가하다."(《사소절》)는 말을 떠올린다. 조선이란 그런 시대였고 그런 전통적 가치관은 아직도 우리 의식 깊숙이 여러 형태의 얼룩으로 스며 있다.

> 청초 우거진 골에 자는가 누웠는가
> 홍안을 어디 두고 백골만 묻혔는가
> 잔 잡아 권할 이 없으니 그를 슬퍼하노라

이 시는 조선 중기 명문장가 백호 임제가 평안도 평사가 되어 송도를 지나다가 쓴 시다. 그는 황진이의 무덤에 닭 한 마리와 술 한 병을 가지고 가서 이 시로 제사를 지냈다가 조야朝野의 비난을 받았다. 그는 "내가 이같이 좁은 조선에 태어난 것이 한이로다." 하며 크게 탄식했다고 한다.

동서고금 '여성과 글쓰기'에 대한 편견과 차별은 이렇게 끝이 없다. 사포는 기원전 6세기 그리스에 살았던 여성 시인이다. 그녀는 남성 중심의 그리스 사회에 자신의 시와 예술 세계를 당당히 입증하였다.

어느 겨울, 시칠리아섬을 여행할 때였다. 나는 시칠리아섬이 아직도 고대 여성 시인 사포가 살았던 흔적을 자랑스럽게 기록하고 있음을 발견하고 몹시 반가웠다. 사포가 고향인 그리스의 레스보스를 떠나 가족과 함께 망명하여 2년간 살았다는 시칠리아섬은 우리가 흔히 떠올리는 마피아의 본고장이라는 이야기보다는, 최초의 여성 시인 사포가 머문 섬이라는 이야기를 더욱 자랑스럽게 내세우고 있었다.

그녀가 나고 자란 에게해의 동부 레스보스섬에서, 그동안 남자들만이 가지던 스승과 제자의 관계가 사포로 하여금 여성들에게도 만들어졌다. 그 때문에 그녀는 시인으로서의 유명세와 함께 레즈비언이라는 낙인 아닌 낙인을 함께 부여받게 되었다. '레스보스섬의 사람'이란 뜻의 '레즈비언'은 여성 동성애자를 지칭하는 말이 되었고, 사포는 그렇게 동성애자로 알려졌다.

> 그 여자 오늘은 날지만 머지않아 남의 뒤를 따를 걸
> 오늘은 선물을 받지만 머지않아 자신을 내줄 걸
> 오늘은 사랑이 없지만 머지않아 사랑하게 될 걸
> 비록 사랑하지 않아도

위는 사포가 쓴 시의 일부이다. 철학자 플라톤이 뮤즈라 불렀던 사포의 서정시는 여러 이유로 많이 유실되어 극히 일부만 남아 있다. 뮤즈라는 말은 아름답고 신비롭다. 하지만 그 말에는 영감과 아름다움뿐만 아니라, 여성 예술가의 상처가 함께 숨어 있다.

***

사람들은 미국의 여성 시인 에이드리언 리치를 위대한 국가적 시인이라 표현한다. 다양한 사회적 약자를 대변하는 그녀는 새로운 사회 질서는 생명을 가진 통합체로서 여성 육체의 진실에서 출발해야 한다고 주장했다. 남성적 이데올로기는 사물을 대립화, 분할화, 서열화시킬 뿐이라는 날카로운 주장을 하며 당돌하게 "더 이상 어머니는 없다."라고 외쳤다.

  그녀에 따르면, 남성이 지배하고 폄하하는 여성의 본질들 가운데 유일하게 신성시하는 모성애야말로 그들이 여성에게 덮어씌운 굴레이며 여성을 억압하는 하나의 이데올로기다. 모성신화에 대한 반성을 촉구하는 이 말은 나혜석이 말한 "정조는 취미이고 모성애는 습관이다."라는 말을 연상시키기도 한다. 아래는 리치의 〈크리스털을 재구성하며〉라는 시이다.

> 여자를 원한다는 것이
> 당신에게 어떤 느낌일지
> 난 상상하려고 애쓰고 있어요
>
> 볼록렌즈처럼 초점이 맞춰진
> 성기에 집중한
> 욕망을

> 차별 없는 욕망을
> 마약처럼 여자를 원하는 욕망을
> 환상으로나마 불러내려고 애쓰고 있어요

　리치는 남성의 본능을 공격하며 여성주의 의식을 갖기 전의 자신과, 현재 여성주의 시를 쓰는 자신을 구분하고 있다. 이 시의 뒷부분에는 이런 구절도 있다.

> 위험한 철망으로 둘러싸인 시의 들판으로 낙하산을 타고 내리거나, 계곡과 협곡을 지나 분화구처럼 구멍 난 여자의 기억 속으로 여행하는 것일 수도 있어.

　대담하고 급진적인 그녀의 목소리를 통해 여성에 대한 명료한 인식 변화를 읽는다. 에이드리언 리치는 용기가 넘치고 단호하여 가끔은 우리에게 다소의 혼란과 모순을 야기하기도 한다. 하지만 시의 진정한 본질은 연대의 정신과 공동 언어를 향한 소망이라고 주장하는 그녀는, 어쨌든 20세기를 대표하는 여성 시인이다.

　사실 나를 억압하는 마지막 보루는 내 자신이요, 어머니로 지칭되는 본능적 모성애였는지도 모른다. 혹은, 어머니로 지칭되는 전통의 답습과 세상에 나가 상처를 입을까 잔뜩 겁을 먹고 길들인 대로 살려는 비겁함이었는지도 모른다. 스스로의 타성과 고정관념들이었을 수도 있다. '어머니'라는 테마는 강물처럼 깊고 복합적인 최후의 테마가 아닐까.

  다시 처음 언급한 헝가리 작가 산도르 마라이의 말에 귀를 기울여 본다. 시인은 시를 쓰려는 생각을 버려야만 비로소 시를 쓸 수 있게 되므로, 인식과 경험의 비밀을 벗어던지라고 한다. 한없이 자유로워야 한다는 말이다. 다만 나는 아직도 완전히 자유롭지 못하다. 아직도 내 안에 뜨거운 비명이 살아 있다. 아직도 멀고 멀었다. 아니, 끝없이 쓰고 또 쓸 뿐이라고 말하지 않았는가.

  나에게 사랑과 고통과 상처를 준 나의 삶이여, 뮤즈들이여. 네가 준 절망, 네가 준 죄의식, 네가 준 사랑에 감사한다. 너의 피를 찍어 나는 시를 썼노라!

나의 시, 나의 몸

처음 시가 나에게 어떻게 왔을까. 언제부터 어떻게 왔는지는 모르지만 나는 지금도 시를 쓰고 있다.
  이것이 누추하고도 찬란한 나의 생애다.
  그렇다. 나는 쓴다! 아직도 쓰고 있다!

  시는 미완을 전제로 한 언어 예술이다. 시는 사람의 몸처럼 아름다움과 슬픔과 욕망을 지닌 한 송이 꽃이요, 길이다.
  시는 자라나는 산이다. 시인이 정상에 올랐다고 생각하는 순간 산의 키는 자라난다. 그러므로 시인은 정해진 위대한 실패를 향해 영원히 오르고 또 오를 뿐이다. 등반가는 에베레스트 최고봉을 정복했다고 깃발을 꽂을 수 있지만 시인에게 정복이란 없다. 영원한 등정만이 그의 것이다.
  오늘도 나는 시를 쓴다. 나의 시가 화살처럼 날아가 당신의 가슴에 영원히 살아 있는 전율로 꽂히기를 바란다.

***

한국이 일본의 식민지에서 벗어난 직후, 나는 우리나라 남쪽 작은 마을에서 태어났다. 3살 즈음 한국전쟁을 겪었다. 그 후 오늘까지 남과 북으로 분단된 나라에 살고 있다. 부모 세대가 일제 강점기를 살며 일본어로 자신을 표현한 것과는 달리 나는 독립된 나라에서 한국어로 나를 표현한 첫 세대이다. 전쟁이 남긴 수류탄과 탄피를 장난감으로 가지고 놀며 유년 시절을 보냈다. 빈곤과 상처가 도처에 깔린 폐허였다.

다행히 아버지는 매우 열린 생각의 지식인이었기에 나는 딸로 태어났음에도 오빠들과 똑같이 교육받을 수 있었다. 그 당시 여성들은 쉽게 상상할 수 없을 최상의 교육이었다. 1954년, 산을 두 개쯤 넘어야 다닐 수 있는 노동면 거석리 노동초등학교에 입학했다. 전쟁이 끝난 후여서 산천은 폐허였고 가난은 얼룩졌다. 초등학교 1년을 마친 뒤, 아버지는 유지들과 의논해 우리 마을 부근 논에다 흙 벽돌집을 지었다. 그렇게 '노동국민학교 명봉 분교'가 새로 생겼다. 개교기념일, 어머니는 일제 강점기의 것으로 보이는 카펫 비슷한 벽걸이를 나무 책상에 덮고 찹쌀떡을 만들어 스무 명쯤 되는 아이들에게 나누어 주었다. 명봉 분교는 전형적인 벽지학교였다.

얼마 안 가 명봉 분교에 신입생이 새로 입학했다. 한 공간에서 두 개의 칠판을 벽에 마주 세워 두고 공부했다. 날이 좋은 날엔 무덤가에 둘러앉아 공부하기도 했고 그 장소가 철길 다리 아래나 혹은 냇가가 될 때도 있었다.

열한 살이 되던 해, 중학교 진학을 위해 광주 서석초등학교로 전학했다. 열한 살 아이를 타지에 혼자 떼어 놓은 것은 부모의 대단한 결단이었다. 어머니는 나에게 늘 현모양처가 되라는 말 대신 "만인이 우러러보는 사람이 되소서"라고 하셨다.

광주로 전학한 것은 내 생애의 운명이 된 떠돌이의 시작이었고 전통 보수 농경사회와의 결별이었다. 경찰서장을 지낸 먼 친척집에서 나를 맡아 주었다. 그 집은 일본 적산가옥이었고 키 큰 히말라야시다가 우거진 숲속에 자리한 유명한 동명호텔 건물 안채로, 매우 크고 세련된 집이었다.

이후 친척집을 옮겨 다녔는데 젊은 남편을 떠나보내고 초하루 보름마다 제를 올리며 울음바다를 이룬 사촌 집, 광주 고등법원 검사인 친척집 등에서 지냈다. 특히 검사 친척집에서는 응접실 서가에 꽂힌 두꺼운 소설들을 읽으며 독서에 길들기 시작했다.

전학한 지 얼마 안 되어 어머니날 기념 글짓기, 저축추진중앙회 주최 어린이 글짓기에서 입상하여 주목을 받았다. 전국 초등학교 어린이들이 일제히 수업을 전폐하고 쓴 이승만 대통령 탄신 기념 '우리 대통령 할아버지' 글짓기에 뽑혀 신문에 크게 이름이 났다. 처음으로 맛본 활자 맛이었다. 학교에서 글 잘 쓰는 아이로 인정받았고, 나는 장차 문학가가 되겠다고 마음먹었다. 일찍이 보성에서 광주로 혼자 유학을 떠난 것은 부모로부터 '내던져짐'이라는 큰 선물을 받은 것이라고 나중에 생각했다.

***

광주 전남여중에 입학하자마자 곧 4·19 학생의거를 겪었다. 광주 극장에서 영화 〈유관순〉을 보고 장차 나라에 도움이 되는 큰 사람이 되겠다고 결심했다. 배우 도금봉의 열연에서 소극적이고 수줍은 여성의 모습을 탈피한 한 인간으로서 빼어난 개성을 발견하고 깊이 감명받았다. 이 영화를 본 경험은 장시 〈아우내의 새〉를 쓸 때 하나의 시적 이미지가 되었다.

또한, 광주 학생의거를 그린 〈이름 없는 별들〉이라는 영화 촬영에 학교 선배들이 대거 엑스트라로 참여했다. 광주에서의 3년은 외로움과 자유에 눈뜨는 시간이었다. 또한 어린 정신의 바탕에 역사와 시대의식, 그리고 문화의식을 일깨워 준 시간이었다.

나는 곧 서울 학교로 전학했다. 군인들이 탱크를 끌고 나온 5·16 군사 쿠데타를 겪었다. 급변하는 시대와 정치를 바라보며 이 세상에 두렵고 막강한 어떤 힘이 있다는 것을 알게 되었다. 밤마다 시와 소설을 읽고 썼다.

그해 가을, 아버지가 고향에서 간경화로 세상을 떠났다. 마당 한가운데 서 있는 큰 감나무를 돌아나가던 아버지의 관은 어린 나에게 생명의 허무를 알게 해 주었다. 상여가 철길을 따라 산으로 사라질 때 저승 가는 노자路資라는 흰 종이꽃이 산천에 뿌려졌다. 그때 만난 풍경은 이후 모든 순간마다 그림자처럼 함께했고, 영원히 지워지지 않는 깊은 트라우마가 되어 지금도 내 의식의 한가운데서 피를 흘리고 있다.

***

진명여고에 진학한 뒤, 여러 문학 콩쿠르에 나가 상을 받았고 학생 신문과 잡지에 소개되었다. 한국의 여고생 최초로 시집 《꽃숨》을 출판하여 화제를 모으기도 했다. 동국대 문학 콩쿠르 심사위원이었던 미당未堂 서정주 시인이 시집 제목을 짓고 서문도 써 주었다.

고등학교를 졸업할 때 최고 특기상 금메달을 받았다. 진명여고는 나혜석, 김명순, 노천명 등 여러 문학인을 배출하여 문학적 자부심을 갖고 있는 학교였다. 하지만 문학으로 금메달을 시상하는 것은 개교 이래 최초였다.

서정주 시인이 교수로 재직하고 있는 동국대에 문학 특기생으로 입학했다. 나의 대학시절은 군사 정권과 독재의 부당함에 맞선 학생 시위로 매 학기마다 휴교당하지 않으면 안 되었다. 나는 정치 권력의 폭압과 인간의 자유와 존엄에 대해 깊이 고민했다. 문학에 빠져들수록 결국 "어떻게 살 것인가"라는 본질적 질문이 나를 가로막았다.

대학 4학년 때 새로 창간된 《월간문학》 신인상으로 문단에 등단했다. 그리고 높은 경쟁률을 뚫고 여성잡지의 기자가 되었지만 얼마 안 가서 사표를 내야 했다. 결혼한 여성은 기자가 될 수 없다는 조항 때문이었다. 결혼과 함께 중학교 교사가 되었다. 나의 결혼 생활은 한국의 가부장적 전통이 여성에게 얼마나 불리하고 불합리한가를 현실에서 체험하게 해 주었다. 직장에서의 진급 또한 한계가 있었고 많은 차별이 존재했다. 가정에서도 마찬가지로 모든 가사노동을 떠안고 허둥거려야 했다. 임신한 몸으로 직장과 가사 관리를 떠맡았고, 아들을 낳아야 한다는 무언의 압박을 받기도 했다. 전통 보수주의와 차별이 우리 사회에 뿌리 깊이 내재되어 있다는 것을 온몸으로 체험한 시기였다.

나는 그때 나름으로 주목받는 이십대의 젊은 시인으로, 막연하지만 진정한 인간의 존엄과 자유를 갈망하며 밤마다 시를 썼다. 군인들이 곳곳을 장악한 폭압의 시대, 표현은 제한되고 인간의 개성과 자유가 억압되는 사회 현실 속에서, 더구나 여성의 삶은 그 자체가 부속물에 가까운 타자의 삶이었다.

1973년, 제1시집 《문정희시집》(월간문학사)을 펴냈다. 시집 제목을 '문정희시집'이라 한 것은 당시 시단의 한 현상이기도 했지만, 나의 경우 학생일 때 소녀시집을 낸 시인이어서 비로소 '문정희'라는 이름으로 정식 시인임을 선언하는 마음이 컸다. 1977년에는 두 번째 시집 《새 떼》(민학사)로 현대문학상을 받았다. 시극도 포함된 시집이었다. 이 시집은 군사정권의 검열에 걸려 불온한 시 6편을 삭제하라는 통고를 받았다. 나는 굴하지 않고 출판사를 바꾸어 삭제 명령을 받은 시 6편을 포함하여 출판을 강행했다.

그 후 사회적 타자인 여성의 삶에 대해, 거짓 침묵과 분노에 대해 다양한 상징과 은유를 사용하여 시를 썼다. 특히 길들여진 여성의 무능과 비겁함, 감상적이고 나약한 순응에 대해서도 강렬한 어조로 의문을 표하고 냉소했다.

***

명성여고 야간 교사로 일했을 때, 그 학교 국어교사로 타계한 시인 신동엽의 캐비닛에서 다수의 시극 자료를 발견했다. 그에 자극을 받아 쓴 시극 〈나비의 탄생〉을 《현대문학》에 발표했다. 이듬해, 명동 예술극장 무대에 〈나비의 탄생〉(김재순 연출, 극단 여인극장)이 올랐다. 무덤이 한가운데 놓인 무대와 죽은 신랑의 영혼을 달래는 진오귀굿의 활용으로 천상과 지상이 교감하는 '포스트모던 시극'이라는 평을 받았다. 고독, 추억 등 관념어가 구체적인 인물로 형상화되어 등장하기도 했고 작가와 연출가가 모두 20대였기에, 새로운 세대의 도전이라는 평과 함께 주목을 받았다. 이후 명동 카페 테아트르 문인극 〈환상부부〉, 문인극 〈양반전〉(호영송 작, 유현종 연출) 등에 직접 출연하기도 했다.

1986년, 일제 강점기 때 자유를 부르짖다가 감옥에서 죽은 소녀 유관순의 자유혼을 장시 〈아우내의 새〉에 담아 발표했다. 10여 년 전에 쓴 1,000여 매의 서사시 원고를 대폭 개작한 것이다. 또한, 이상향을 그리다가 권력가에게 눈알을 뽑히는 백제의 목수 도미 설화를 시극으로 쓰기도 했다. 도미를 예술가의 상징으로, 백성의 눈알을 뽑는 개루왕을 백성의 볼 권리를 박탈하는 독재자로 설정했다. 이러한 나의 언어는 1970년대 한국의 보수전통사회에서 산업사회로의 전환점과 함께했다. 평론가들은 한국 여성시의 언어가 드디어 남성 언어에서 여성 자아의 언어로 전환되는 한 계기를 이루었다고 평했다.

한국은 분단의 상황과 정치의 격변 속에서도 유럽이 몇백 년에 걸쳐 이룬 근대화와 산업화를 30여 년이라는 짧은 시간에 이룩해 냈다. 경제적 성장은 곧 사회의 성장으로 이어졌다. 하지만 이러한 압축 성장은 폭압 정치와 언론의 제한으로 자유가 희생되어 이루어졌다. 한국 사회는 어지러운 속도와 치열한 경쟁, 소비 중심의 물량가치사회로 전환되었다. 그것은 어떤 면에서는 일사불란의 활력과 역동성의 일면으로 드러나기도 했지만 결국 개발도상국이 갖는 온갖 가치 붕괴, 인간 소외, 생명 경시와 공해 문제를 큰 과제로 남겼다. 이때 나의 문학의 관심은 정치권력의 폭력과 사회적 타자인 여성에 대한 억압의 문제와 함께 인간 소외 및 생명의 주제로 확산되었다.

　1980년대 초, 광주에서 일어난 대규모 민주화 운동은 많은 시민이 군인의 총에 희생된 크나큰 비극이었다. 분노와 공포가 안개처럼 자욱한 시대였다. 시인으로서 깊은 좌절에 빠졌고, 국가와 인권에 대한 근본적인 회의와 언어의 무력감 때문에 절망했다.

＊

1980년, 최초의 해외여행을 떠났다. 잡지 《여성동아》의 〈서남아 불교국 순례〉 연재를 계기로 태국, 방글라데시, 미얀마, 인도, 홍콩 등을 여행했다. 주방글라데시 대사로 근무하고 있는 오빠를 오랜만에 만났다. 5·18 광주의 뉴스를 들은 것은 인도 콜카타에서였다. 한 시인으로 어떻게 살 것인가에 대해 절실하게 생각했다.

그로부터 두 해 후에 미국 뉴욕대 대학원 종교교육학과에 입학 허가를 받아 뉴욕으로 떠났다. 당시 뉴욕은 세계 정치, 경제, 문화의 중심지였다. 영화, 연극, 미술, 음악 모든 면에서 들끓는 에너지를 뿜어내는, 거칠고 생생한 실험예술의 메카였다. 그 속에서 나는 한국과, 나의 시인으로서의 정체성인 한국어를 숲이 아니라 산으로 만나는 체험을 했다. 그동안 정치적 이념과 금기에 사로잡혀 접하지 못했던 한국 밖 세계가 창조한 영화와 소설, 연극을 탐닉했다. 나만의 개성과 독창성에도 큰 관심을 가졌다. 역사서와 사회과 학서를 읽었고, 영화 전공 친구들을 따라 세계적인 감독들의 영화를 섭렵했다. 그때부터 시작된 영화에의 탐닉은 오늘까지도 시작업에 큰 영향을 주고 있다.

뉴욕에서 나는 진정한 자유 의지에 눈을 뜨기 시작했다. 예술가로서의 안목이 한층 넓어졌고, 외로움과 가난 속에 한 인간으로서의 개성과 정체성을 자각하기도 했다. 거대한 뉴욕의 거침없는 활력 속에서 한 사람의 시인으로서 언어의 힘과 리얼리티와 논리를 고민했다. '시로 표현된 것만이 남는다'는 생각에 한국어로 글쓰기를 멈추지 않았다. 뉴욕 유학은 내가 숨 쉬고 있는 시대와 국가를 객관적으로 바라보고 진정한 존재로서의 자유와 사랑을 깨닫는 계기가 되었다.

2년 동안 떠돌던 뉴욕에서 한국으로 돌아와 유방 수술을 받았다. 암으로의 변이가 의심스러운 멍울을 제거한 것이다. 뉴욕에서 의료보험도 없는 학생 신분으로 공포 속에 전전긍긍하다가 유방

속의 혹을 떼어내며 여성의 '몸'을 시 속에 품었다. 나의 대표작 중 한 편으로 꼽히는 시 〈유방〉은 이런 배경에서 쓰인 것이다. 여성 신체에 달린 유방을 성 도구의 한 부분으로 인식하는 남성적 시각으로 바라보는 것이 아니라, 암 검사를 위한 유방 촬영을 하며 유방이 내 몸에 달린 육체 일부임을 뼈저리게 자각하는 시이다. 페미니즘 철학자 뤼스 이리가라이가 말한 '여성언어'로 쓴 대표적인 시라는 평을 받았다.

> 윗옷 모두 벗기운 채
> 맨살로 차가운 기계를 끌어안는다
> 찌그러지는 유두 속으로
> 공포가 독한 에테르 냄새로 파고든다
> 패잔병처럼 두 팔 들고
> 맑은 달 속의 흑점을 찾아
> 유방암 사진을 찍는다
> 사춘기 때부터 레이스 형겊 속에
> 꼭꼭 싸매 놓은 유방 […]
> 오랫동안 진정 나의 소유가 아니었다
> 사랑하는 남자의 것이었고
> 또 아기의 것이었으니까
> 하지만 나 지금 윗옷 모두 벗기운 채
> 맨살로 차가운 기계를 안고 서서
> 이 유방이 나의 것임을 뼈저리게 느낀다

맑은 달 속의 흑점을 찾아

축 늘어진 슬픈 유방을 촬영하며

— 〈유방〉 중에서

    얼마 후, 나는 자궁을 제거하는 수술도 받았다. 오직 문학에 몰입한 그간의 삶에 불어닥친 거칠고 두려운 육체의 시간이었다.
    나는 숙명적인 떠돌이가 되어 세계를 방랑했다. 점점 당당한 아웃사이더, 고독한 노마드nomade가 되어 갔다. 그것이야말로 시인의 명예로운 유랑이라고 나는 생각했다. 제도와 위선과 허울로 둘러싸인 안전한 땅에서는 새로운 창조의 삶을 살 수 없다. 나는 기득과 안주를 부정하며 표류하는 자유인을 더없이 사랑했다.

                      * * *

1996년, 미국 아이오와대 국제창작프로그램IWP에 3개월 동안 참가했다. 세계 35개국에서 온 작가들이 제멋대로 개성을 내뿜고 있었다. 뉴욕대 대학원의 체험이 시인으로서 중요한 하나의 개안의 계기였다면 아이오와대 세계작가들과의 3개월은 '작가는 하나의 성채城砦 같은 존재'임을 의식하고, 자유에 대한 큰 자각을 한 시간이었다. 시 낭송 행사 때마다 "시인이 먹어야 할 유일한 음식은 고독이요, 시인이 마셔야 할 유일한 공기는 자유다", "나는 쓴다, 고로 존재한다"고 말했다. 나는 다시는 그동안 길들여 온 방식대로 나를 편하게 던져 놓지 않겠다고 결심했다.

이후, 독일 프랑크푸르트 도서전, 멕시코 과달라하라 도서전, 쿠바 아바나 도서전, 프랑스의 '시인들의 봄', 아일랜드 제럴드 홉킨스 서머 페스티벌뿐만 아니라, 이스라엘, 일본, 중국, 인도, 마케도니아, 인도네시아, 쿠바 등 세계 여러 나라에 초대되어 작가와 독자들을 만났다. 그사이 영어권을 비롯한 여러 나라에 시가 번역되어 소개되기 시작했다.

2000년대, 새로 시작되는 문학은 생명을 주제로 삼아야 한다고 생각했다. 20세기에 겪었던 생명 경시로부터 21세기 에코페미니즘을 향해 가게 되었다. 환경 파괴, 기후변화, 쓰레기 공해 등을 염두에 두고, 본질적 창조 주체로서의 여성성을 찾아보려는 여행이었다. 독일 베를린을 거쳐 폴란드 바르샤바·아우슈비츠·크라쿠프, 체코 프라하, 헝가리 부다페스트, 네덜란드 암스테르담 등을 유랑했다. 여행하는 동안 영화나 음악 등 예술 속의 여성과 창조 주체를 만나려고 했다. 베를린에서는 전쟁 중에 굶어진 팔로 아이들을 껴안은 케테 콜비츠의 그림을 보았다. 폴란드 바르샤바에서는 마렉 플라스코의 소설 〈제8요일〉의 배경과 전후 폴란드 문학의 현장을 보았고, 시인 심보르스카가 살고 있는 크라쿠프에서는 문학과 음악의 태동을 찾으며 몇몇 작곡가들을 만났다. 암스테르담에서는 렘브란트의 그림 중 대지모처럼 땅에 하초를 대고 오줌을 누는 〈오줌 누는 여자〉를 만났다. 또한 도시마다 아이오와 시절 친구들을 다시 만나 창작의 자극을 주고받았다.

2002년에는 불가리아 소피아대 한국학연구소에서 시를 낭송

했다. 북한 출신 교민이 북한 억양으로 통역했는데, 언어의 이질성에 충격을 받았다. 불가리아에서 자동차로 산을 넘어 마케도니아 스코페로 갔다. 마케도니아 출신 감독 밀코 만체프스키의 영화 〈비포 더 레인Before the rain〉에 나오는 14세기 성당과, 키릴 문자를 닮은 산맥들이 신비한 이미지로 펼쳐졌다.

그다음 해에는 루마니아 시인협회의 초청으로 오리엔트 오시던트 축제에 참석했다. 수도인 부쿠레슈티에서 넓은 해바라기 들판을 지나 코르디아디 아르제쉬라는 꿈처럼 고요하고 평화로운 소도시로 갔다. 차나무 가로수 길을 걸으며 동유럽에서 온 시인들과 문학 얘기를 나누었다. 모두가 국가와 역사와 전쟁으로부터 상처를 입었다는 것을 확인했다. 멀리 닭 우는 소리가 들려와 이곳이 내 전생이 아닐까 생각했다.

같은 해에 3개월 예정으로 미국 뉴욕 북부 캣츠킬 마운틴에 있는 레딕하우스에 입주했다. 레딕하우스는 허드슨강 북부에 있는 작가촌이었다. '아트오마이' 프로그램에 참여하는 조각가, 안무가 등 다양한 예술가가 모였고 문학부문 한국 작가는 최초였다. 갑자기 찾아온 적막한 공간 속에서 시는 써지지 않았다. 세계적인 조각 작품이 널려 있는 공원을 산책할 때면 정적이 나를 때려 당황스러웠다. 사슴이 돌아다니고 사과나무에서 사과가 떨어지는 예술촌에서 그토록 갈구하던 극도의 고독을 맛보았다. 1개월쯤 되던 어느 날 갑자기 터진 코피가 일주일을 멈추지 않았다. 공포에 떨다가 귀국을 결심하고 아트오마이를 떠났다. 라과디아공항에서 비행기를 탔고, LA에 도착하자 신기하게도 코피가 멈추었다.

시인으로서 '극도의 밀실'에 대한 열망을 실현하려 했는데 육체의 반격으로 이룩하지 못한 참담한 경험이었다. 시간이 흐른 후 아트오마이를 배경으로 〈사람의 가을〉, 〈먼 길〉을 썼다.

이후 버클리대의 초청을 받아 두 차례 시 낭송을 했다. 첫 번째 초청은 한국 현대시 100년을 맞아 한국, 미국의 대표 시인들과 함께 시 낭송 축제를 한 것이었고, 두 번째는 '한국의 여성 시: 스트롱 보이스'라는 주제로 '런치 포엠스' 무대에 섰다.

이탈리아 카포스카리대 초청으로 리도섬에 3개월을 머무르며 강연과 시 낭송 기회도 가졌다. 마침 나의 박사 논문이 "미당 시에 나타난 물의 이미지"였기에 시에 나타난 물의 심상을 연구한 경험도 있어서, 베네치아에서 '인간 생명의 원천으로서 물'을 주제로 집중적으로 시를 썼다. 그 시들은 나중에 《카르마의 바다》(문예중앙)라는 제목으로 출판되었다. 몇 년 후 이 시집은 스페인어와 이탈리아어로 번역 출간되었다. 그사이 프랑스에서 출판된 시집 《찬밥을 먹던 사람》은 중쇄를 찍기도 했다.

> 때때로 편견처럼 완강한 바위에다
> 오줌을 갈겨 주고 싶을 때도 있겠지만
> 그럴 때일수록
> 제의를 치르듯 조용히 치마를 걷어 올리고
> 보름달 탐스러운 네 하초를 대지에다 살짝 대어라
> 그러고는 쉬이쉬이 네 몸속의 강물이

따스한 리듬을 타고 흙 속에 스밀 때
비로소 너와 대지가 한 몸이 되어 가는 소리를 들어보아라
푸른 생명들이 환호하는 소리를 들어보아라
내 귀한 여자야

— 〈물을 만드는 여자〉 중에서

   조금 더 정확한 언어로 나의 삶과 내가 속한 시대를 꿰뚫고자 했던 시적 시도가, 한국을 넘어 차츰 세계와의 소통으로 이어지고 있음을 느꼈다.
   2010년 스웨덴에서 수여하는 시카다Cikada상을 수상하게 된 것은 참으로 뜻밖의 일이었다. 시카다상은 원자폭탄을 맞은 히로시마 폐허에서 우는 매미 소리에서 생명의 징후를 발견한 스웨덴 노벨상 수상 시인 하뤼 마르틴손의 시 정신을 기리는 상으로 '생명의 존엄을 노래한 동아시아 시인'에게 주는 상이다.

   '시인들의 봄' 축제에 참가하고 돌아온 지 몇 달이 지난 2014년, 프랑스의 대표적인 예술 채널 ARTE 텔레비전의 다큐멘터리 감독 자크 뎁스가 서울을 방문했다. 그는 한·불 수교 130주년을 맞아 〈한국, 그 기적의 나라〉 5부작을 제작하고 있었다. 자크 뎁스는 치밀함과 열정을 함께 지닌 세계적 예술감독이었다.
   그는 우선 나의 서재를 찍고 싶다고 했다. 그리고 오늘의 한국을 상징할 만한 장소에서 시 낭송을 하자고 했다. 서재는 나의 자궁과도 같은 장소라며 사양하다가 결국 카메라 장비와 스태프를 서재

로 불러들이고 말았다. 홍보물을 찍으러 온 것이 아니라, 한국이 이룩한 기적과 그 명암을 카메라에 담으려 함을 몇 번이고 강조한 그에게 설복당한 나는 고층 빌딩과 성형외과, 러브호텔이 즐비한 강남의 대로에서 시 낭송 촬영도 했다. "당신의 시를 읽는 동안 날카로운 톱으로 팔을 긋는 것 같은 실감과 통증을 느꼈다"는 그의 감상이 깊고 고마웠다. 시 〈유령〉을 읽은 뒤의 소감이었다.

1
나는 밤이면 몸뚱이만 남지

시아비는 내 손을 잘라 가고
시어미는 낸 눈을 도려 가고
시누이는 내 말을 뺏어 가고
남편은 내 날개를
그리고 또 누군가 내 머리를 가지고
달아나서
하나씩 더 붙이고 유령이 되지 […]

그리고 아침 되면 다시 떠올라
하루 유령이 내가 되지
누군지 모르는
머리를 가져간 그 사람 때문이지

2
사람들은 왜 밤에 더욱 확실해지는가
나는 또 누워서 천 리를 가지 […]

이렇게 머리는 천 리를 가고
물고기 뼈도 닿지 않는 수심 천 리의 천 리를 가고
밤이면 서러운 몸뚱이만 남지
몸뚱이만 벌겋게 남아 뒤채이지

― 〈유령〉 중에서

***

어린 날, 홀로 큰 바다에 던져져 극도의 외로움 속에 빠진 것이 내가 시를 쓴 계기가 되었다면, 전쟁과 분단과 군사독재로 이어진 사회 환경은 나로 하여금 인간의 자유와 생명의 문제에 눈뜨게 했다. 또한 가부장적 전통이 강한 사회에서 여성으로 살면서 전통의 억압과 편견, 불합리와 모순에 저항하며 사회적 타자로서 여성의 아픔을 시로 쓸 수 있어, 그러한 환경에 놓였던 것이 역설적으로 큰 도움이 되기도 했다.

국가불행시가행國家不幸詩家幸은 비극과 모순을 가진 불행한 나라에 사는 시인은 더없는 행운을 가졌다는 뜻이다. 그러니 나는 많은 고통과 슬픔과 외로움의 재료로 시를 쓰는 행운을 누린 셈이다. 부처의 말 중 "하늘 아래 오직 내가 있다 天上天下唯我獨尊"는, 존재로서의 존엄과 자유를 선언한 구절을 좋아한다. 나는 대지모大地母처럼 풍성한 생명의 에너지를 지닌 시인으로, 생명의 원형과 모태인 여성으로 하늘 아래 오직 유일한 존재로 살아가고 있음을 느낀다.

본질적으로 나는 모든 시인은 여성이라고 생각한다. 창조의 자궁을 가진 존재는 여성이기 때문이다. 한 평론가는 그런 나의 시 세계에 대해 이렇게 말했다.

> 문정희는 항아리만 한 몸뚱어리로 사내들의 언어를 삼켜 생명의 언어를 줄줄이 낳은 대지모를 꿈꾸는 시인이다. 기존의 세계와 타협하지 않겠다는 저항정신과 대결의지로 남녀가 구별되는 페미니즘을 넘어서서 여성 정체성을 생명의 징표로 끌어올린 시인이다.

나는 그동안 몸으로는 세계 곳곳을 발로 뛰어다녔고 정신으로는 고전과 현대, 동양과 서양을 넘나들었다. 나의 몸속에는 곳곳에서 만난 인간과 도시와 사막과 강과 거리, 빈곤과 적의와 비극, 그리고 사랑과 슬픔이 함께 출렁이고 있다.

> 내가 원하는 방식대로
> 나의 성性을 사용할 것이며
> 국가에서 관리하거나
> 조상이 간섭하지 못하게 할 것이다
> 사상이 함부로 손을 넣지 못하게 할 것이다 […]

정녕 아름답거나 착한 척도 하지 않을 것이며

도통하지 않을 것이며

그냥 내 육체를 내가 소유할 것이다

하늘 아래

시의 나라에

내가 피어 있다

— 〈꽃의 선언〉 중에서

내가 시를 쓰는 지금, 여기가 나의 대지이고 나의 알몸이다. 이것이 나의 생명이라고 생각한다.

십여 년 전에 낸 시집 《응》에서 나는 야성의 호흡으로 생명을 노래했다고 말했다. 히스토리history의 언어, 합법적 허구의 언어, 남성 중심의 족보legal fiction 언어가 아닌 생명의 원천으로서 피의 언어로 쓴 시, 그것을 쓰고 싶었다고 했다.

지금 나하고 하고 싶어?

네가 물었을 때

꽃처럼 피어난

나의 문자

"응"

동그란 해로 너 내 위에 떠 있고

동그란 달로 나 네 아래 떠 있는

이 눈부신 언어의 체위

— 〈"응"〉 중에서

아일랜드의 한 시인은 "펜은 페니스다pen is penis"라고 말하기도 했는데, 이는 쓰는 것이 남성의 특권이라는 문화인식이 반영된 말이었다. 그러므로 나의 펜은 페니스가 아니라 피인 것이다.

자본과 속도와 경쟁이 인간을 지배하는 사회, 어지러운 자연 파괴의 시대에 생명의 원천과 모태로서의 사랑! 이것이 나의 시, 나의 몸이기를 바란다.

어린 날, 가장 슬픈 자들의 울음을 대신 울어 주었던 곡비哭婢처럼 나는 인간 속에 내재된 고독과 자유혼을 언어로 표현하고 신성한 호흡으로 생명을 노래하는 시인이고 싶다. 그러므로 시인이 먹어야 할 유일한 음식은 고독이요, 시인이 마셔야 할 유일한 공기는 자유라는 것을 다시 생각한다.

나는 오늘도 길을 떠난다. 생명의 원천인 물처럼 흘러간다. 나의 시는 그 물로 나를 씻기는 노래, 내게 먹이를 주는 물의 바닥에서 파득거리는 뻘밭의 노래이다.

사람들은 왜 무릎을 꺾는 것일까
깊게 허리를 굽혀야만 할까
생명이 사는 곳은 왜 저토록 쓸쓸한 맨살일까
일찍이 어머니가 나를 바다에 데려간 것은

저 무위한 해조음을 들려주기 위해서가 아니었다
물 위에 집을 짓는 새들과
각혈하듯 노을을 내뿜는 포구를 배경으로
성자처럼 뻘밭에 고개를 숙이고
먹이를 건지는
슬프고 경건한 손을 보여 주기 위해서였다

— 〈율포의 기억〉 중에서

  단 한 개밖에 없는 이 생명으로 줄광대가 외줄을 타듯, 나는 시를 쓰며 미완을 향해 끝없이 길을 떠난다.
  이것이 시인의 아름다운 완성임을 나는 알고 있다.

대화

영원히 젊고

찌그러지고

아름다울 것

시인은 무엇으로 구성되는가? 시인에게 시는 언어로 탈바꿈한 또 하나의 몸이다. 시는 새로운 몸이 됨으로써 시인의 말에 자유를 부여한다. 따라서 시인은 언어의 몸을 얻어 떠나버린 수많은 시 뒤에 남게 된다. 문정희 시인과의 대화는 내면에서 생동하는 '시'와 '시인'의 내밀한 부분을 들여다보게 한다. 시인은 과연 무엇으로 이루어져 있을지, 생각하게 만든다.

― 편집자

편집자(이하 편) 시인 문정희는 자신만의 고유한 색이 돋보이는 개성적 작품을 꾸준히 써 왔습니다. "독자적 개성으로 무장한 시의 화신"이라는 평을 받기도 하셨는데요. 문정희 시인 내면에 존재하는 '글 쓰는 사람'으로서의 개성은 무엇인가요.

문정희(이하 문) 지나치게 솔직하다는 것입니다. 그래서 상처와 손해에 노출되어 있죠. 변덕이 심하고 싫증을 잘 내지만, 유일하게 싫증내지 않고 지속한 일이 글쓰기예요. 기존의 것, 군림하는 것을 싫어하고, 흔하고 평범한 것을 못 견디는 편입니다. 독특하고 개성적인 것을 편애하고 과도한 가치를 부여하게 되지요. 그래서 글쓰기를 계속할 수 있지 않았나 싶어요.

겸손에 소질이 없어요. 유파나 어느 특정 부류에 가담하는 것, 집단화를 못 견디고요. 집단화하는 것은 참새 떼나 쥐 떼들이라고 생각합니다. 홀로 거대한 사막이나 초원을 어슬렁거리는 맹수가 고독의 힘으로 내지르는 포효가 시가 아닐까 하고…….

자유로이 홀로, 이것은 결점은 아니지만 지나치게 그것을 내색하고 우월감을 표출하는 것은 결점이 될 수도 있다고 봐요.

편 자유와 고독이란 문정희 시인의 내면에서 시가 탄생하는 데 필수불가결한 존재가 아닐까 싶습니다. 그렇다면 선생님의 행복 또한 자유, 고독과 공존하고 있을 것 같습니다. 선생님께서 그리는 행복은 어떤 모습을 하고 있나요?

문 햇빛이 잘 드는 방, 책과 쓰던 원고가 놓여 있는 저만의 방이 그려지네요. 집 근처에 클래식 음악이 흘러나오는 카페가 있고, 골목을 돌아 나가면 영화관이 보이고, 그 너머 숲이 보이는 마을에 살고 싶다고 생각해요. 멀리 있는 아이들과 전화를 마친 다음 그들과 나눈 유머를 떠올리며 천천히 저녁 약속에 입고 나갈 옷을 고르고 있다면 좋겠어요.

저는 늘 어떤 사랑에 빠져 있는 상태예요. 그러므로 저녁을 같이 할 사람은 랭보의 시나 폭설이나 혹은 영화 〈페드라〉에 대해 공감을 나눌 수 있었으면 좋겠어요. 수없는 절망, 고독, 후회, 상처를 거치며 만든 밧줄을 끌고 그 자리에 앉아 있을 거예요.

오직 아름다움을 향해 질주하는 나를 데리고…… 그것을 언어로 표현하지 못해 전전긍긍하는 나를 이끌고…… 그런 저의 모습은 영원히 젊고 찌그러지고 아름다울 것이라 생각해요.

편 선생님께서 그리는 행복은 시와도 일부 닮아 있는 것 같습니다. 한편으론 시로 결코 써낼 수 없는 모습인 것 같기도 하고요. 그렇다면 반대로, 불행은 어떤가요? 평소 그려보셨던 불행의 이미지가 있다면 말씀해 주세요.

문 자신을 숨긴 채 반듯하게 사는 것, 고귀한 시간을 거짓으로 대충 흘려보낸 것을 떠올려요. 내가 가진 것이 진귀한 보석임을 깨닫지 못하고 나중에야 뼈아파하는 것 이상으로 큰 불행은 없다고 생각해요. 그 외에는, 숨 쉬고 있는 한 진정한 불행은 없다고 봐요.
　열네 살 어린 나이에 흰 상복을 입고 보성 고향집 큰 감나무 아래 놓인 아버지 관 앞에서 통곡했던 소녀! 그 순간은 오히려 큰 불행이 아니었던 거예요. 그 불행은 두고두고 천천히, 사시사철 추위가 되어 빙하의 눈처럼 얼음처럼 나의 전신을 얼게 만들었어요. 그리고 서서히 녹아내리며 폐허에 서 있는 앙상한 나무의 정체를 드러냈지요.

편 불행은 진정한 자신을 숨긴 채 살아가면서 시작되는군요. 그렇다면, 불행에서 멀어질 수 있는 이상적인 장소가 현실에 존재할지 궁금해집니다. 선생님께서는 해외 대학에서 공부하기도 했고, 세계 여러 나라를 거치며 문학인들과 교유하셨지요. 혹시 해외에서 정착해 살고 싶은 도시가 있으셨나요?

문   유토피아는 없어요. 'no place'. 굳이 한 곳을 꼽자면 뉴욕이 떠오르네요. 가장 날카로운 자극과 상상력을 주는 도시. 하지만 나의 젊은 뉴욕은 이제 어디에도 없다는 것을 압니다. 그 옛날 열망에 가득 차서 뉴욕의 골목골목을 헤매던 위태하던 내가 사라졌는데 뉴욕이 어디에 남아 있을까요.

 뉴욕은 이제 슈퍼스타 콤플렉스로 가득한 세계에서 가장 거대한 도시 중 하나일 뿐이에요. 결국 살고 싶은 나라는 장소가 아니라, 누구와 같이 살고 있느냐라고 생각해요.

편   선생님께서 시를 어떻게 쓰시는지도 궁금합니다. 일상에서의 글쓰기 습관이나 원칙이 있나요?

문   숙련된 포도주 장인이 그의 비법을 설명했다고 해서, 그것이 좋은 포도주를 빚는 유일한 방법은 아니겠지요. 햇빛과 바람, 포도나무가 자란 땅과 농부의 정성, 거기에다 포도주 빚는 사람의 손맛이 버무려져야 할 것입니다. 손맛을 설명할 수 있는가, 묻는다면 손맛은 천부요, 경험이요, 감각이요, 선물이라고 말할 수 있겠네요.

 시는 충동이자 충돌이지요.

 저는 늘 메모해요. 모든 사물과 만남과 감동, 풍경 혹은 이미지를 메모합니다. 메모란 언어로 투시하고 시화詩化한다는 의미지요. 하지만 가장 좋은 것은 시를 쓰려고 애쓰는 것이 아니라 시를 사는 것이에요. 삶의 섬세와 고투와 탐미를 언어로 투시하고 운율로 표현하는 것이 몸에 밴 '삶' 자체가 시여야 한다고 생각해요.

편　삶이 이어지는 한, 선생님께서는 늘 시가 존재하는 것 같습니다. 삶의 다양한 면면을 언어로 투시하여, 선생님만의 시의 언어로 직조한 다음 다시 세상에 내놓으시는 것이지요. 그 작업의 길이 참으로 아름답습니다.

　그렇다면 무엇이 선생님을 쓰게 만드나요? 시를 쓰게 하는 원동력은 무엇인지, 쓸 때 특히 집중하게 되는 주제에는 무엇이 있는지 여쭙습니다.

문　시인에게 있어 오롯한 영감이란 존재하지 않는다고 봐요. 가끔 영감 비슷한 것을 발견하지만, 그것에 기대어 시를 쓸 수는 없지요. 늘 간절한 언어들이 제 안에 숨 쉬고 있어요. 그 언어를 도구로 사물과 사람과의 만남을 투시하고 언어화하는 것이 시 쓰기예요. 언어로 표현되지 않은 것은 존재하지 않는다는 말을 믿고 있어요. 새로운 것에 대한 호기심과 상상력으로 저는 쓰고, 고로 존재하지요.

　제가 살아가는 세계를 언어로 옮기려는 의지와 시도들이 영감이며, 동시에 시를 향한 모든 것이에요. 저는 저를 둘러싼 삶과 시대에서 가장 절실한 것을 써요. 하지만 언제나 언어가 먼저이고, 언어의 한계에 갇혀 더듬거리며 써요. 때로는 표현 그 자체보다는 표현의 절망, 표현의 과다가 저를 괴롭힐 때도 있어요.

　'미국 빈민가의 계관시인' 찰스 부코스키의 시집 《사랑은 지옥에서 온 개》 등을 읽고 나서, 그동안 통용된 정통적 기법이나 시작 과정, 이론이 부질없음을 느꼈어요. 거침없이 쓰고 자유로이 표현하는 그의 시의 매력은 시에서 기법이나 기교, 어설픈 이론이 얼마나 작은 것인가를 알게 했어요. 자신을 포장하거나 변명하지 않고, 시를 쓰지 않고는 못 배길 어떤 절실한 주제를 가장 적절한 언어와 리듬으로 표현해야만 시가 된다는 것을 보았죠.

편 시 〈작가의 사랑〉에도 부코스키의 '사랑은 지옥에서 온 개'를 인용하셨죠. 부코스키의 작품들은 솔직해야 할 부분을 잘 짚어내어 거침없이 쓰였다는 점에서 선생님의 시 세계와도 통하는 부분이 보이는 것 같습니다.

사랑은 지옥에서 온 개, 무척 인상적인 표현이라고 생각해요. 혹시 개를 좋아하시나요? 혹은 좋아하는 다른 동물이 있으신가요?

문 사실, 개를 무서워해요. 어린 날 색동저고리를 입고 동네 골목에 나갔다가 큰 개가 달려든 적이 있어요. 그때부터 개뿐만 아니라 대부분의 동물을 무서워하게 되었어요. 어쩌다 피하지 못해 개가 나의 피부를 혓바닥으로 핥을 때면, 그 감촉에서 한없는 연민과 슬픔을 느껴요. 그럴 때면 언젠가 죽을 것임이 느껴지는 생명의 감촉, 그 슬픔과 비애의 감촉을 두려워하게 되죠.

좋아하는 동물은 새, 사슴, 소. 새는 날개를 갖고 있다는 점과, 울음소리가 듣기 좋다는 점이 좋아요. 사슴과 소는 이름이 서정시 같아서 좋아하게 되네요.

편 그렇군요. 개의 몸짓에서 슬픔과 비애의 감촉을 읽어내신다니, 일상에서 자연스레 시를 살아가고 계시는 모습을 여기서도 발견

할 수 있네요. 먼 곳에 있는 시인, 예술가 들을 작품 속에 불러오는 것은 선생님께서 그들을 되짚고 기억함과 동시에, 선생님의 삶을 시에 자연스레 녹여내는 방식이 아닐까 싶습니다. 그렇다면 선생님의 시에 가장 큰 영향을 미친 시인을 꼽자면 누구일까요?

문 미당 서정주 시인이죠. 시인으로서 저의 첫 길에서 손을 잡아 준 분이기도 해요. 그는 천부의 시인이고, 꾸준히 공부하고 다양한 변모를 시도한 시인이에요.
 천재의 노력…… 그는 단순히 시를 쓰는 것이 아니라, 삶 자체를 시로 바꾸어 버린 시인이에요. 서정주 시인의 시집을 읽으면 그가 죽는 날까지 호기심으로 충만한 거장이었다는 것을 알 수 있어요. 그의 시 〈꽃밭의 독백〉 중 '문 열어라 꽃아'라는 구절은 시시때때로 제 머릿속을 맴도는 문장이에요.

편 선생님께서 서정주 시인을 처음 뵈었을 때 커다란 산처럼 보였다고 말씀하신 것을 기억합니다. 서정주 시인께선 세계의 명산을 다 포갠 높이보다도 시의 깊이와 넓이는 한없다고 하셨지요. 높디높은 산의 모양으로 문학에 매진하셨던 분이 아니었나 싶습니다.
 그렇다면, 해외 시인들 중에서는 어떤 분을 좋아하시는지 여쭙습니다. 또한 시 이외의 다른 예술 작품들이 선생님의 시 세계에 어떤 영향을 미쳤는지도 궁금합니다.

문 해외 시인 중에서는 파울 첼란, 페데리코 로르카, 파블로 네루다, 체스와프 미워시, 비스와바 심보르스카, 아르튀르 랭보, 크리스티앙 보뱅, 옥타비오 파스, 딜런 토머스, 요세프 브로드스키, 최근 시인인 찰스 부코스키까지…… 여러 사람이 떠오르는데, 즐겨 읽는 시인은 그때그때 달라요.

 아름다운 산문들, 소설과 철학서들……. 저는 원래 소설과 희곡을 썼어요. 그래서인지 제 시 속에는 많은 스토리와 극적인 구성이 있어요. 역사서와 사회과학서들 또한 시 쓰기에 지대한 영향을 끼쳤고, 사물의 본질을 투시하고 정확한 언어를 발견하는 데 큰 도움을 주었죠.

 소설 주인공 중에는 조르바, 연극 주인공은 페드라를 좋아해요. 한 시절, 님 웨일스의 소설 〈아리랑 Song of Ariran〉의 주인공 김산을 매력적인 한국 남성상으로 느껴 좋아한 적이 있어요. 20세기 초, 역사의 격동기에 이 땅에서 불꽃같이 타오른 아나키스트의 생애는 아름다웠지요. 문학 작품 속 좋아하는 인물은 너무 많아 일일이 열거할 수가 없군요. 저는 좀 바람둥이인가 봅니다.

 문학 외에 제일 큰 영향을 끼친 것은 영화예요. 장 뤽 고다르, 안드레이 타르코프스키, 피에르 파졸리니, 잉마르 베리만, 밀로스 포만, 리나 베르트뮬러 등을 좋아해요. 최근 본 영화는 너무 많아 열거하기 힘들군요. 요르고스 란티모스, 페드로 알모도바르 등 대단한 감독들이 많아요.

 뿐만 아니라 시각예술, 음악, 춤 등 여러 장르에 영향을 받았어요. 좋아하는 화가는 파블로 피카소, 프리다 칼로, 천경자. 그들은 진정한 예술가로, 어떤 슬픔도 비극도 사랑과 예술로 만드는 사람들이에요.

    저는 아무래도 천재를 좋아하는 편이에요. 좋아하는 음악가로는 모차르트, 말러, 슈베르트, 쇼팽, 차이콥스키, 베토벤이 있어요. 장시 〈아우내의 새〉를 쓸 때 슈베르트의 〈죽음과 소녀〉를 귀가 닳도록 들었어요. 코로나 팬데믹으로 고통받고 있을 때 들었던 차이콥스키 피아노 3중주 〈위대한 예술가를 추억하며〉는 영혼을 위로한 음악이었죠.

편 듣고 보니 〈아우내의 새〉와 슈베르트의 〈죽음과 소녀〉가 공유하는 시적 이미지들이 생생히 떠오릅니다. 〈아우내의 새〉는 처음 썼을 때 원고지 1,000장에 가까운 분량이었는데, 10년이 지난 뒤 다시 꺼내어 형태를 완전히 바꾸고 내용을 줄여 출간한 작품이지요. 평소 선생님의 퇴고 과정이 궁금합니다. 그리고 작품의 구조를 어떻게 체계화하시나요?

문 단숨에 쓴 작품이 있고 몇 달에서 몇 년을 고쳐 다시 쓴 작품이 있어요. 처음에는 하고 싶은 말을 전부 써 놓고 지워나가는 경우도 있지요. 컴퓨터로 쓰고 난 다음 인쇄하여 고치고 또 고치기도 해요. 천의무봉天衣無縫, 억지로 기운 자국이 안 보일 때까지 고치는 거예요. 써 놓고 발표하기까지 시간을 두고 뜸을 들여요. 그러다 보면 시의 키가 저절로 자란 경우도 있고요. 한편, 너무 고치고 고치다 보면 생생함이 모두 사라지고 앙상한 줄기뿐인 시든 나무가 서 있을 때도 있어요.

　시에서는 첫 구절이 중요해요. 처음에 시선을 끌어들이지 못하면 속에다 어떤 보석을 숨겨 두어도 잘 거들떠보지 않을 때가 많으니까요. 그리고 중간에는 살과 피와 뼈가 생생하게 살아 있기를 바라며 써요. 끝에는 탕! 치거나, 반전을 보이죠. 수미상관을 만들 때도 있고요. 아니면 문을 활짝 열어버려도 좋고……. 문 속에 또 문, 아니면 문 밖의 끝없는 광야! 어디든 좋으니 마주한 나락을 즐기는 거예요.

　작품을 쓴 기간과 작품의 성공 여부는 크게 상관이 없어요. 또한, 경험과 주제의 크고 작음과 시의 성공도 상관이 없지요. 문제는 낯설고도 새로운 언어. 그런 의미에서 작품에는 저마다의 운명과 생명이 있는 것 같아요.

편　작품에 저마다 운명과 생명이 있다는 말이 인상적입니다. 생각해 보면 시와 시인의 관계를 잘 설명해 주는 말 같습니다. 시인이 시에 생명을 부여하기도 하고, 시가 시인의 운명이 되기도 하니까요. 선생님 작품 속에 스며 있는 운명과 생명의 이야기도 궁금합니다. 혹시 시작 계기와 과정이 기억에 남는 작품이 있으실까요?

문　〈한계령을 위한 연가〉는 어느 겨울 밤 텔레비전 9시 뉴스를 보고 쓴 시예요. 뉴스는 대관령에 내린 폭설을 보도하고 있었어요. 다만 발음으로나 의미 면에서나 대관령보다는 한계령이 더 시적이라 생각했어요. 한계령은 실제로 가본 기억이 없는 곳이에요. 추운 계곡인 한계寒溪에다 범위의 경계인 한계限界를 함께 의미하는 '한계령'을 위한 연가예요.

〈초대받은 시인〉은 1980년대 말에 쓴 시예요. 당시 군인 대통령이 이제 문민시대라며 시인 몇 사람을 청와대로 초청한 적이 있어요. 시 낭송을 하고 시의 밤을 열자고 했죠. 그렇지만 저는 그날 밤 청와대에 가지 않았어요. 이런 작은 거부에도 큰 용기가 필요하던 시대였어요. 하지만 이 시는 시인으로서의 태도나 작은 저항을 쓴 것이 아니라, 제 내면에 숨겨져 있는 유치한 자의식이나 속물근성을 쓴 것이에요.

또 떠오르는 것은, 〈사랑하는 사마천 당신에게〉라는 시인데요. 88올림픽을 기점으로 한국인의 해외여행이 자유화되었을 때였어요. 그런데 아침 신문 3면에 태국 여행을 간 한국 관광단 일행 중 몇몇이 정력제라 하여 뱀, 곰쓸개, 해구신海狗腎 등을 마구 사 먹는 바람에 현지인들의 빈축을 사고 있다는 기사가 났던 거예요. 그때 저는 마침 중국 여행을 앞두고 사마천의《사기史記》를 읽고 있었어요. 사마천은 남근을 잘리는 궁형을 받고 감옥에 갇혀 방대한 역사서《사기》를 쓴 인물이에요. 〈사랑하는 사마천 당신에게〉는 그런 사마천을 진짜 사나이라 부른 작품이고요. 한 인간으로서 그의 장엄에 대해 러브레터를 쓰지 않을 수 없어 재미로 쓴 시편인데, 직설어법으로 쓴 시지만 이 주제에는 그 기법이 가장 잘 어울리고 좋다고 생각하고 썼어요. 사실, 현실에서는 시에서 묘사한 것과 같이 진정한 의미에서 힘이 넘치는 남자를 만나본 적이 드물어요.

이외에도 기실 저의 시는 대부분이 삶과 경험에서 나온 것들이에요. 그럼으로써 저는 삶이 시가 되고 시가 삶이 되기를 늘 바라고 있었던 거죠.

편 그렇군요. 〈한계령을 위한 연가〉의 이미지 때문인지, 선생님과 계절을 연결하여 시를 떠올리면 겨울, 혹은 서늘한 이미지가 쉽게 연상되곤 합니다. 시 〈겨울나무〉를 읽으면 찬 겨울에 "바람이 휘몰아치면 꽃처럼 흔들"리는 나무들의 이미지가 눈앞에 생생히 그려지죠. 〈보라색 여름바지〉에서는 초가을, 보라색 여름바지를 사 들고 오는 화자의 쓸쓸함과 고독이 잘 느껴집니다. 화자는 "사람들이 이미 겨울을 준비할 때 여름의 잔해에 가슴을 태우"며 바지와 함께 마음의 길이도 수선하지요. 이 시를 읽을 때는 하필 왜 보라색 바지였을까, 하는 생각도 들었어요. 보라색을 좋아하시나요?

문 보라색을 좋아했는데, 사실 이젠 잘 모르겠다고 생각해요. 흰색을 좋아하게 된 것 같기도 하고. 옷은 거의 검정이에요. 검은색은 완벽하고 당당하고 편하죠.

편 그렇군요. 그러고 보면, '꽃'에 주목하여 선생님 시를 읽어도 재미있을 것 같아요. 〈찔레〉나 〈늙은 꽃〉, 〈양귀비꽃 머리에 꽂고〉만 봐도 그렇죠. 혹시 특별히 좋아하는 꽃이 있으신가요?

문 장미……. 일본 조사이국제대에서 7년 만에 새 품종 장미를 개발하여 '문정희장미'라 명명해 주었어요. 어린 시절부터 장미를 좋아했지만 그 이후 더욱 좋아졌어요.

　꽃은 아니지만 벼……. 우리 고향 논에 익어가던 벼! 지금도 육친처럼 그 몸짓과 냄새가 그리워요. 벼에 알알이 달린 쌀이 나를 키웠어요. 쑥, 물푸레나무Yggdrasil, 연꽃……. 모두 그 이름 때문에 좋아합니다.

편　문정희장미라니, 분명 선생님처럼 곧고 당당한 모습의 꽃일 테지요. 장미 하면 선생님의 시 〈지금 장미를 따라〉가 떠오릅니다. 여성의 몸과 사랑을 예술로 불태운 프리다 칼로의 흔적을 선연히 읽을 수 있었는데요, 선생님 내면의 여성 이미지에 대한 이야기도 듣고 싶습니다.

문　저는 창조의 자궁을 소유한 대지모의 이미지를 여성의 원형 이미지로 갖고 있어요. 모든 시인은 본질적으로 여성이라고 생각해요. 미국 융심리학 전문가 클라리사 에스테스의 저서 《늑대와 함께 달리는 여인들》에 나오는 창조적 원형과 야성의 힘을 가진 여걸을 항상 생각하곤 해요.

편　그렇다면 선생님께서 존경하시는 역사 속 여성이 있을까요?

문　저는 '존경하는'이라는 말을 좋아하지 않아요. '위대한'이라는 말도 좋아하지 않고. 그냥 '좋아하는'을 좋아해요.
　여러 인물을 좋아하지만 사람들이 잘 떠올리지 않는 인물 중에,

마거릿 생어를 꼽아볼 수 있겠어요. 그는 뉴욕주 태생으로 11남매 중 여섯째로 태어난 딸이었어요. 어머니가 연이은 임신, 결핵에 시달리다 49세에 사망한 데 비해, 아버지는 80대가 되도록 인생을 즐기는 것을 보고 피임약 사용을 합법화함으로써 20세기 세계사를 바꾼, 역사상 가장 욕을 많이 먹은 여성이에요.

그리고 낙랑…… 우리 역사상 가장 뜨거운 실존 인물이었을 것 같은 여성이죠. 사랑하는 적국의 왕자 호동을 위해 아버지 나라의 레이더, 자명고自鳴鼓를 칼로 찢어버린 여자. 사랑이 무엇인지 아는, 매우 문학적인 질문을 던지는 여성이에요.

편 두 사람 모두 여성의 몸과 사랑을 생애로 보여 주었군요. 어찌 보면 시적인 삶을 산 여성들이라고 할 수 있겠습니다.

그럼 이번에는, 선생님의 요즘 근황도 조금 듣고 싶은데요. 산티아고의 '말하는 돌의 정원'에 선생님의 시 〈산티아고 순례길〉 시비가 세워졌고, 얼마 전에는 제막식에 다녀오셨지요. 시비에 새길 시를 쓰는 과정은 어땠는지, 시비가 세워지고 나서는 어떤 기분이었는지 궁금하네요. 관련된 에피소드를 들려주세요.

문 2021년 초여름 캘리포니아에서 새 시집을 준비하고 있는데 스페인 갈리시아시에서 메일이 왔어요. 시인이자 극작가이며 콤포스텔라대 교수인 클라우디오 로드리게스 페르Claudio Rodriges Fer라는 분이 보낸 것이었어요.

세계 3대 성지 중 한 곳인 산티아고 데 콤포스텔라 대성당 앞에

'말하는 돌의 정원'을 새로 만드는데 한국어로 된 시를 새기고자 한다고, 그래서 작품을 의뢰하고자 한다고 했어요. 이 특별한 프로젝트로 만들어진 정원은 만 년이 흘러도 시의 말과 정신을 통해 인류의 영혼을 치유하고 깨우는 위대한 문화유산이 되어 남을 거라고 했어요. 산티아고 순례길 종착지이기도 해서 연간 수십만 명의 순례자가 다녀갈 것이라고도 했습니다.

지금까지 어디에도 발표되지 않은 새로운 작품을 청탁한다는 대목이 특히 눈길을 끌었습니다. 말하는 돌의 정원에 한글로 새겨질 한국어 시를 쓰기 위해 크게 고심하지 않을 수 없었어요. 석수가 돌에다 당신의 시를 쪼기 위해 망치를 들고 애타게 기다리고 있다는 독촉을 몇 번이나 받고 나서야 겨우 시를 보내게 되었습니다.

> 나를 만날 수 있는 것은
> 나뿐인가
> 하늘 아래 가득한 질문 하나

2024년 3월, 아름다운 폰세카 정원에 저의 한국어 시비가 세워졌어요. 여러 언어 중 한국어가 8번째였습니다. 공식 제막식은 2025년 3월에야 비로소 이루어졌어요. 갈리시아의 여성 시장과 콤포스텔라대 총장, 작가, 시인, 교수를 포함한 시민들이 모이고, 지역 방송사와 미디어가 참가한 가운데 눈부신 신록의 축제처럼 개회식이 진행되었습니다.

저는 공식 석상에서는 "세상 모든 사람들의 마음을 만나게 하는 시가 울려퍼지기를 기대한다."라고 말했지만 이상하게도 속에서는 "엄마! 엄마! 나 여기 있어." 이런 말이 한국어로 솟아났어요. 거기 있는 타임캡슐과 함께 영원히 남을 것이라는 나선형 시비 동산에 저의 시비가 있다고 생각하면 솔직히 소름이 돋기도 합니다.

편 이 세상에 영원히 남을 언어를 새기고 오신 것이로군요. 세계 여러 나라 시인들이 모국어로 쓴 시들이 모인 공간이니, 자연히 속으로 '엄마'를 부르게 된 게 아닐까, 그런 생각이 들어요. 시인은 시의 어머니이지만, 동시에 언어의 영원한 자식일 테니까요.
  선생님께서 시를 지속하도록 만든 시의 매력에 관해서도 듣고 싶습니다. 그리고 오늘날 시의 역할은 무엇이라고 생각하시는지도 여쭈어 봅니다.

문 최근 열독한 크리스티앙 보뱅의 표현을 빌리자면 "시를 쓴다는 것은 삶과 죽음을 똑바로 마주보고 텅 빈 마음 안에 잠자고 있는 별을 깨우는 일"*이에요. 무엇보다 시는 자기 자신을 중심으로 세계를 펼친다는 데 큰 매력이 있지요. 언어의 힘인 거예요. 눈에 보이지 않는 언어의 힘이 시의 강렬한 아름다움이요, 힘이지요. 시는 강물이기보다 연출이에요. 시는 자연발생하는 것 같지만, 언어로 시적 순간을 포착하고 그것을 표현하는 기술이 있어야 하죠.
  언어가 한없이 거칠고 흉흉해진 시대, 시는 진정한 생명의 언어

---

* Christian Bobin, *Les Ruines du Ciel*, Gallimard, 2005.

로서 그 가치가 있다고 생각해요. 언어가 미처 다 표현하지 못한 저 너머의 세계, 그 심연의 향기와 비밀을 시가 아니면 또 무엇이 표현할 수 있을까요. 그런 의미에서 요즘 양산되는 시들이 여백과 리듬, 침묵의 고귀함을 소홀히 하는 것을 보면 안타까움을 느끼곤 해요.

"시는 앎이고 구원이고 힘이며 포기이다. […] 시는 이 세계를 드러내면서 다른 세계를 창조한다. 시는 선택받은 자들의 빵이자 저주받은 양식이다."* 옥타비오 파스가 한 말이에요. 오늘날 사람들은 시에서 위로를 바라는 것 같지만, 시는 직접적으로 위로하지 않아요. 시는 아무것도 주장하지도 간섭하지도 않고 그냥 존재함으로 그 역할을 다하지요.

편 끝으로, 독자들에게 전하고 싶은 말을 여쭙고 싶습니다. 시집의 독자층이 더욱 다양해지고 있는 시대입니다. 선생님의 오랜 팬들부터, 지금 시에 관심을 갖고 읽기 시작하는 독자, 교과서에서 시를 배우는 학생 독자들까지……. 이 시대의 시집 독자에게 한마디 해 주세요.

문 사랑하는 모국어로 시를 쓰는 시인으로 한 생애를 살게 해 준 독자들에게 뜨거운 마음을 전하고 싶습니다. 10대 때부터 쓰기 시작하여 지금까지 60여 년을 오직 시를 쓰며 살 수 있었다니, 아무리

---

* 옥타비오 파스, 김은중 외 역, 《활과 리라》, 솔출판사, 1998.

생각해도 저는 축복받은 것 같습니다.

  저의 작품이 어떤 문학적 성취를 했는가 하는 것은 별개의 문제이고, 그것은 제가 걱정하지 않아도 시간이 정확하게 판단해 줄 것이라 생각합니다. 저는 시간에게 말합니다.

  "잘 좀 부탁한다. 가장 엄정한 시간이여."

나의 신 속에 신이 있는 것 같습니다.
여기까지 홀로 걸어오다니…….
나의 언어에 초대된 사랑하는 독자여! 나 여기 있습니다.

에세이   썩는 썩는 불가해 불가해 불가해 거대하게 거대하게 거대하게 거대하게
         다르다운 한   한   한

                   것은 것은
                          비애의 비애의 비애의 떠밀리는 떠밀리는 떠밀리는 떠밀리는

                참으 참으
아름다운   로 로

                       꽃송이 꽃송이 꽃송이 언어의 언어의 언어의 언어의
         아름 아름 물을 물을   물을
            다운 다운

비 애   동   곪동   곪아   할 땐 곪 는 거 슨
에 미완을향해 알   일   물거품 물거품   물거품 물거품
시
에세이   살아있음 살아있음 살아있음 살아있음 살아있음 에세이   에세이
           으로   으로   으로   으로   으로

           당신을 사 당신을 사 당신을 사 당신을 사 당신을 사
아름다운   랑하며 랑하며 랑하며 랑하며 랑하며 아름다운   아름다운

     표 와   회 생 표 고 시 순

  미완을향해   미완을향해 미완을향해
 서   서   서

문정희 시인 연보

1947	7월 13일, 전라남도 보성에서 태어남.
1954~64	초등학교 5학년 때 광주로 전학, 전남여중에 입학하자마자 4·19 혁명을 겪음. 중학교 2학년 때 상경, 진명여고에 진학함.
1965~66	고등학교 3학년 때 시집 《꽃숨》을 출간, 한국 최초의 여고생 시집 출간으로 화제가 됨. 시집의 제목을 짓고 서문을 쓴 미당 서정주 시인의 권유로 동국대 국문과에 입학함.
1969	《월간문학》 신인상에 작품 〈불면〉이 당선되어 문단에 등단함. 월간 《주부생활》의 기자로 활동함. 이재형과 결혼 후 기자생활을 그만두고 중학교 교사가 됨.
1971	첫 아이를 출산함(건중).
1973	제1시집 《문정희시집》(월간문학사) 출간.
1974	시인 신동엽의 시극에 자극을 받아 쓴 〈나비의 탄생〉이 명동 예술극장에서 상연됨(김재순 연출, 극단 여인극장). 〈환상부부〉, 〈양반전〉 등의 문인극에 직접 출연하기도 함. 둘째 아이를 출산함(가온).
1975	제2시집 《새 떼》(민학사) 출간. 이 시집으로 이듬해 제21회 현대문학상 수상.
1980	노천명 시 연구로 석사학위를 받음.
1982~84	뉴욕대 대학원 종교교육학과 입학. 서구 예술과 역사를 공부하며 언어의 힘과 개성의 논리를 탐구하고, 문학 창작의 의지를 굳건히 함.
1984	제3시집 《혼자 무너지는 종소리》(문학예술사) 출간.
1986	장시집 《아우내의 새》(일월서각) 출간.
1987	제4시집 《찔레》(전예원) 출간.

1988	제5시집 《하늘보다 먼 곳에 매인 그네》(나남) 출간.
1992	제6시집 《별이 뜨면 슬픔도 향기롭다》(미학사) 출간.
	창극으로 재구성한 《구운몽》이 대전엑스포 개막작으로 공연됨.
	서정주 시 연구로 박사학위를 받음.
1993	페미니즘 주제의 산문집 《당당한 여자》(둥지) 출간.
1995	미국 아이오와대 국제창작프로그램 참가. 35개국에서 온 작가들과 3개월간 생활하며 창작의 자극을 주고받음.
1996	제7시집 《남자를 위하여》(민음사) 출간.
	제11회 소월시문학상 수상. 말레이시아 세계시인회의 참가.
1998	아이오와에서의 경험을 주제로 한 산문집 《사포의 첫사랑》(세계사) 출간.
2001	제8시집 《오라, 거짓 사랑아》(민음사) 출간.
2002	불가리아 소피아대 한국학연구소 시 낭송.
	마케도니아 대통령 초대로 스투르가 세계시인대회 참가.
2003	제1회 천상병시문학상 수상.
	한국 작가 최초로 뉴욕 아트오마이 국제작가촌 레딕하우스 입소.
2004	제9시집 《양귀비꽃 머리에 꽂고》(민음사) 출간.
	영역시집 *Windflower*(Hawks Publishing) 출간. 제15회 정지용문학상, 마케도니아 테토보 세계문학포럼에서 '올해의 시인상' 수상.
2005	미국 하버드대 한국학연구소 발간 *Echoing song*에 시 10편 수록. 이후 다양한 해외 문예지에 지속적으로 작품을 발표해 한국시를 널리 알림.
2006	한국 현대시 100주년 기념 미국 버클리대 초청 '태평양을 말하다' 시 축제 참석. 이화여고 이화동산 유관순동상 벽면에 《아우내의 새》 중 〈서시〉 시비 건립(개교 120주년 기념).
2007	제10시집 《나는 문이다》(뿔) 출간.
	독일어 역시집 *Die Mohnblume im Haar: Ausgewählte Gedichte*(Edition Peperkorn), 알바니아어 역시집 *Kënga e shigjetave*(Ditët e Naimit), 영역시집 *Woman on the terrace*(White Pine Press) 출간.

2009	미국 버클리대 초청 한미여성시심포지엄에서 시 낭송, 이후 프랑스 '시인들의 봄'(2013)과 낭트 시인의 집 '문정희의 밤'(2017) 등에 참여했고, 이탈리아, 스웨덴, 러시아, 아르헨티나, 미국, 인도네시아 등 세계무대에서 꾸준하고 활발한 활동을 이어나감.
2010	제11시집《다산의 처녀》(민음사) 출간. 제10회 시카다상 수상.
2011	이탈리아 베네치아 카포스카리대 초청 첫 번째 예술가로 베네치아에 3개월간 머물며 시를 씀.
2012	제12시집《카르마의 바다》(문예중앙) 출간. 프랑스어 역시집 *Celle qui mangeait le riz froid*(Éditions Bruno Doucey) 출간.
2013	스웨덴어 역시집 *Sång till gryningen*(Bambulunden) 출간. 제10회 육사시문학상 수상.
2014	제13시집《응》(민음사) 출간. 스페인어 역시집 *Yo soy Moon*(Huerga y Fierro), 영역시집 *I must be the Wind*(White Pine Press), 인도네시아어 역시집 *Perempuan yang Membuat Air*(Kepustakaan Populer Gramedia) 출간.
2015	러시아어 역시집 Вслед за ветром(Центр книги Рудомино) 출간. 대한민국 문화예술상(대통령상) 수상. 전남 보성 명봉역에 〈명봉역〉, 율포 바닷가에 〈율포의 기억〉 시비 건립. 시집《응》으로 목월문학상 수상.
2016	일본어 역시집《今、バラを摘め》(思潮社), 스페인어 역시집 *Mar de Karma*(Huerga y Fierro) 출간.
2018	제14시집《작가의 사랑》(민음사) 출간. 청마문학상 수상.
2021	스페인 산티아고의 '전 세계 언어와 문화를 기리는 공간'인 '말하는 돌의 정원'에 한국어를 대표하는 시인으로 선정. 2025년에 갈리시아 시와 콤포스텔라대 주최로 시비 제막식이 열림.
2022	제15시집《오늘은 좀 추운 사랑도 좋아》(민음사) 출간. 이탈리아어 역시집 *Il mare che cuce*(tab edizioni) 출간.

국립한국문학관장 취임. 이용악문학상 수상.

2023   중국어 역시집 《我们去摘玫瑰花》(人民文学出版社) 출간.
제3회 김동명문학상, 제32회 공초문학상 수상.

2025   제16시집 《그 끝은 몰라도 돼》(아침달) 출간.
스페인 마드리드 콤플루텐세대, 살라망카대, 포르투갈 리스본대 특강. 스페인어 역시집 *El Pájaro Que Llevo Adentro*(Hwarang)가 아르헨티나 이민 60년 한국 대표시인 특별 기념시집으로 출간.

수록 시 출처

제목	수록작
문정희시집(1973)	노래 ǀ 눈을 보며 ǀ 만가 ǀ 연 ǀ 폐허의 노래 ǀ 눈 ǀ 새에게 쫓기는 소녀 ǀ 유령 ǀ 폭풍우 ǀ 비 ǀ 겨울나무 ǀ 하늘 ǀ 불면
새 떼(1975)	새 떼 ǀ 콩 ǀ 소 ǀ 참회 시 1 ǀ 선언 ǀ 우울한 날은 ǀ 겨울 일기
혼자 무너지는 종소리(1984)	흐름에 대하여 ǀ 술병의 노래 ǀ 타국에서 ǀ 대못 ǀ 하늘을 보면 ǀ 시인을 기다림 ǀ 시간 1 ǀ 바다 앞에서 ǀ 고독 ǀ 보석의 노래 ǀ 식기를 닦으며 ǀ 황진이의 노래 1 ǀ 황진이의 노래 2 ǀ 사랑은 불이 아님을 ǀ 편지 ǀ 어린 사랑에게
아우내의 새(1986)	서시 ǀ 죽은 시계 ǀ 비수 ǀ 강물보다 더 먼 ǀ 새와 뱀 ǀ 천둥
찔레(1987)	비의 사랑 ǀ 할미꽃 ǀ 찔레 ǀ 아들에게
하늘보다 먼 곳에 매인 그네(1988)	이명 ǀ 곡비 ǀ 문신 ǀ 감자 ǀ 꿈 ǀ 베개 ǀ 손톱 ǀ 작은 부엌 노래 ǀ 마흔 살의 시 ǀ 순은의 펜으로 ǀ 남한강을 바라보며 ǀ 이별 이후 ǀ 네가 내게 온 후 ǀ 이 가을에
별이 뜨면 슬픔도 향기롭다(1992)	파꽃길 ǀ 중년 여자의 노래 ǀ 오빠 ǀ 나는 나쁜 시인 ǀ 잘 가거라, 나비야 ǀ 딸기를 깎으며 ǀ 추석 달을 보며 ǀ 신록 ǀ 사랑하는 것은 ǀ 어머니의 편지
남자를 위하여(1996)	성에 꽃 ǀ 한계령을 위한 연가 ǀ 사랑하는 사마천 당신에게 ǀ 체온의 시 ǀ 남자를 위하여 ǀ 다시 남자를 위하여
오라, 거짓 사랑아 (2001)	통행세 ǀ 러브호텔 ǀ 머리 감는 여자 ǀ 키 큰 남자를 보면 ǀ 유방 ǀ 보라색 여름바지 ǀ 가을 우체국 ǀ 알몸 노래 ǀ 그 많던 여학생들은 어디로 갔는가 ǀ 몸이 큰 여자 ǀ 술 ǀ 아름다운 곳 ǀ 밤 이야기 ǀ 유쾌한 사랑을 위하여 ǀ 축구 ǀ 지는 꽃을 위하여

제목	수록작
양귀비꽃 머리에 꽂고 (2004)	사람의 가을	머플러	새우와의 만남	율포의 기억	흙	나무 학교	사랑 신고	물을 만드는 여자	돌아가는 길	테라스의 여자	공항에서 쓸 편지	성공 시대	남편	사랑해야 하는 이유	조등이 있는 풍경	딸아 미안하다	치마	혼자 가질 수 없는 것들	먼 길
나는 문이다(2007)	동백꽃	화장을 하며	집 이야기	그 소년	"응"	꽃의 선언	초대받은 시인	내가 한 일
다산의 처녀(2010)	늙은 꽃	독수리의 시	쓸쓸	여행가방	명봉역	부부	지금 장미를 따라	나 떠난 후에도
카르마의 바다(2012)	낙타초	물시	늙은 창녀	해벽	뜨거운 소식	감촉	미로	미친 약속	길 잃어버리기	이제 됐어	떠돌이 물방울	내가 운다	너는 책이다	물의 시집	바느질하는 바다	살아 있다는 것은
응(2014)	강	토불	구두 수선공의 봄	우리 순임이	구조대장의 시	겨울 호텔
작가의 사랑(2018)	당신을 사랑하는 일	거위	나의 옷	늙은 코미디언	나의 도서관	작가의 사랑	공항의 요로나	곡시
오늘은 좀 추운 사랑도 좋아(2022)	나 잘 있니	비누	나는 내 앞에 앉았다	탱고의 시	망한 사랑 노래	이 길이 선물이 아니라면	도착	보고 싶은 사람	떠날 때

정본 시 전집으로 다시 만나는
'지조와 멋의 시인' 조지훈

조지훈 시 전집

**민족의 전통과 사라져 가는 것들에 대한 애수,
역사 속 상실과 고뇌를 생생히 그려낸 시적 언어**

'지조와 멋의 시인' 조지훈의 시 작품들을 완전히 새롭게 엮은 시 전집. 지훈의 시 작품만을 온전히 한 권에 모으고, 한자를 한글로 모두 바꾸어 독자들이 지훈의 시를 친근히 만날 수 있게 했다.
지훈은 사라져 가는 것들에 대한 애수를 바탕으로 우리 민족의 전통과 자연에 대한 서정을 그려 냈고, 혼란의 시대에는 첨예한 언어로 현실을 직시하며 역사 속 상실과 고뇌를 생생히 기록했다. 지훈의 시는 지금까지도 시대의 발화이자 생활에 대한 사유로서 현대의 독자들을 깨우며 앞으로 나아갈 힘을 준다.

신국판 변형 | 480쪽 | 32,000원

'생활의 정서'를 파고드는
김훈의 산문미학

허송세월

**허송세월의 가벼움으로 버텨내는 생로병사의 무게
시대의 눈물과 웃음을 포착한 성실한 글쓰기**

삶의 어쩔 수 없는 비애와 아름다움을 누구보다 잘 이해하는 우리 시대의 문장가, 김훈. 생사의 경계를 헤매고 돌아온 경험담, 전쟁의 야만성을 생활의 유머로 승화해 낸 도구에 얽힌 기억, 난세에도 찬란했던 역사의 청춘들, 인간 정서의 밑바닥에 고인 온갖 냄새에 이르기까지, 늘 치열하고 치밀했던 작가 김훈의 '허송세월'을 담은 45편의 글을 실었다. 꽃과 새와 밥과 꿈에 뒤엉킨 이 시대의 기쁨과 슬픔을 명료하면서도 섬세하게 그려낸 언어의 짜임이 눈부시다.

신국판 변형 | 336쪽 | 18,000원